DAS GRUNDSCHUL-LEXIKON

Einfach gut erklärt von
Cordula Thörner

CARLSEN

Dieses Buch gehört

____

DAS GRUNDSCHUL-LEXIKON

600 BEGRIFFE VON A–Z

CARLSEN

Lexikon-Tipps

1. Du wirst in diesem Buch viele Abkürzungen finden. Hier kannst du nachlesen, was sie bedeuten:

   cm = Zentimeter
   m = Meter
   Jh. = Jahrhundert
   km = Kilometer
   km/h = Kilometer pro Stunde
   Mio. = Millionen
   Mrd. = Milliarden
   °C = Grad Celsius
   v. Chr. = vor Christus
   n. Chr. = nach Christus
   u. a. = unter anderem
   % = Prozent
   z. T. = zum Teil
   z. B. = zum Beispiel
   kg = Kilogramm

2. Die **blau markierten** Wörter führen dich zu anderen Begriffen im Lexikon, bei denen du weiterlesen und noch mehr erfahren kannst.

Aal, der

Aale sind **Fische**. Zehn Jahre lang leben sie in **Flüssen** und **Seen**, auch bei uns in Europa. Dann schwimmen sie etwa 6000 km durch den **Atlantischen Ozean**, um sich vor der Küste **Amerikas** fortzupflanzen – dort, wo sie selbst auch geboren wurden. Die frisch geschlüpften **Larven** brauchen drei Jahre, um sich von der Meeresströmung bis nach Europa treiben zu lassen.

Aas, das

Tote Tierkörper, die nicht sofort gefressen oder verwertet werden, sondern verwesen, also von kleinen Lebewesen zersetzt werden, nennen wir Aas.

Abgase, die

Abgase sind **gas**förmige Abfallstoffe. Sie entstehen bei Verbrennungen, z. B. in Fabriken oder in Automotoren, die mit Benzin oder Diesel betrieben werden. Werden Abgase ungereinigt ausgestoßen, verschmutzen sie die **Luft** und können **Menschen**, **Tieren** und **Pflanzen** schaden.

Aborigines, die

Die ursprünglichen Bewohner **Australiens** und ihre Nachfahren nennen wir Aborigines. Vor etwa 400 000 bis 600 000 Jahren begannen **Menschen**, wahrscheinlich vom heutigen Indonesien aus, mit der Besiedelung Australiens. Jahrtausendelang lebten sie als Nomaden in kleinen Gruppen zusammen. Im Jahre 1788 legte das erste Schiff mit europäischen Siedlern an, im Laufe der nächsten Jahre kamen immer mehr. Sie unterdrückten und vertrieben die Aborigines. Viele der **indigenen** Bewohner starben durch Krankheiten, die die Siedler einschleppten, etwa Grippe oder Pocken. Erst in den 1960er Jahren wurden Aborigines offiziell gleichberechtigte Australier. Heute leben etwa 600 000 Aborigines in Australien.

Abschiebung, die

Hält sich ein Mensch unerlaubt in einem anderen Land auf (z. B. weil sein **Asyl**antrag abgelehnt wurde), wird er aufgefordert, das Land zu verlassen. Von Abschiebung spricht man, wenn er nicht freiwillig ausreist, sondern dazu gezwungen wird.

Ader, die

Adern sind Leitungen im Körper von **Menschen** und **Tieren**, durch die das **Blut** fließt. Wir nennen sie auch Blutgefäße. Sie werden in **Venen** und **Arterien** unterteilt. Durch die Adern von **Pflanzen** werden **Wasser** und **Nährstoffe** transportiert.

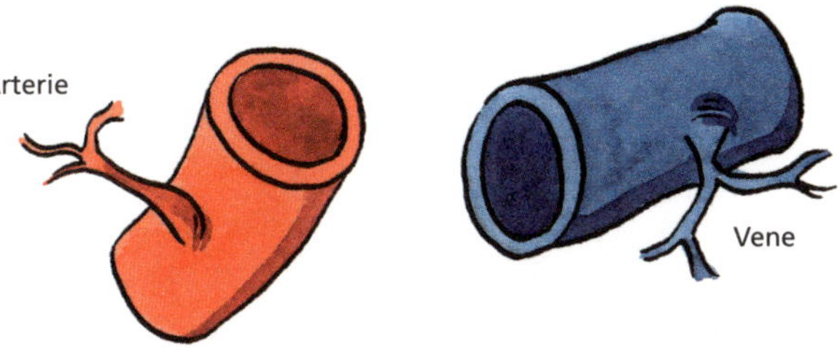

Adler, der

Adler gehören zu den **Greifvögeln**. Sie kommen fast weltweit vor. Auf der Suche nach Nahrung kreisen sie in der **Luft** und stürzen sich dann auf ihr Beutetier. Der größte Adler **Europas** ist der Seeadler, er kann eine Spannweite von bis zu 2,50 m erreichen. Viele Länder wählten den Adler als Wappentier, z. B. die **Bundesrepublik Deutschland**, **Österreich** und die USA.

Seeadler

Affe, der

Affen gehören zu den **Säugetieren**. Die meisten Arten leben in den tropischen Gebieten **Amerikas**, **Afrikas** und **Asiens**. Da sie einen Daumen besitzen, sind sie sehr geschickt und gute Kletterer. Affen leben in engen Gemeinschaften zusammen. Sie fressen vor allem **Früchte**, **Blätter** und **Insekten**. Zu den Menschenaffen gehören Gorillas, Schimpansen und Orang-Utans.

Gorilla

Afrika

Afrika ist der zweitgrößte **Kontinent** der **Erde**. In den etwa 53 afrikanischen Staaten leben über 800 Mio. **Menschen** – viele von ihnen in Armut und Not. Für die afrikanische Wirtschaft gehören **Kakao**, **Kaffee**, **Baumwolle**, Gold und Diamanten zu den wichtigsten Produkten. Weite Gebiete Nordafrikas sind von der Sahara bedeckt, der größten **Wüste** der Welt. **Elefanten**, **Giraffen**, **Löwen** sowie unzählige andere Tierarten leben in Afrika. Der längste **Fluss** Afrikas ist der Nil. Der höchste Berg ist der 5 895 m hohe Kilimandscharo, der in Tansania liegt.

➡ Siehe auch: **Weltkarte**, Seite 282/283

Ägyptisches Reich, das

Ungefähr dort, wo das heutige Ägypten liegt, entstand vor etwa 5 000 Jahren das Ägyptische Reich. Es entwickelte sich zu einer der ersten Hoch**kulturen**: Die Menschen erfanden eine **Schrift** und einen **Kalender**, beschäftigen sich mit Malerei und Bildhauerei. Mächtige Herrscher, die Pharaonen, regierten das Reich. Sie ließen riesige Totentempel und **Pyramiden** errichten, von

Tutanchamun

denen noch heute einige erhalten sind. Im Laufe der Jahrtausende kam es immer wieder zu Streitigkeiten und Kriegen, bis das Ägyptische Reich schließlich zerfiel.

Aids

Aids ist eine **Krankheit**, die durch ein **Virus** ausgelöst wird, das wir HI-Virus nennen. Die HI-Viren zerstören die Abwehrzellen des gesunden Körpers, so dass dieser sich selbst gegen harmlose Krankheiten wie Schnupfen und Husten nicht mehr wehren kann. Bekommt ein mit dem HI-Virus infizierter Mensch bestimmte schwere Krankheiten, weil durch das Virus sein **Immunsystem** geschwächt ist (z.B. Lungenentzündung), hat er Aids. Ein Aids-Kranker kann an diesen Infektionen sogar sterben.
Das HI-Virus ist ansteckend. Bei infizierten **Menschen** befindet es sich in Körperflüssigkeiten, also etwa in **Blut**, Speichel, Spermien- oder Scheidenflüssigkeit. Eine Ansteckung kann erfolgen, wenn das Virus z.B. durch eine Wunde in die Blutbahn eines gesunden Menschen gerät. Mit Medikamenten lässt sich eine HIV-Infektion inzwischen gut behandeln, aber nicht heilen.

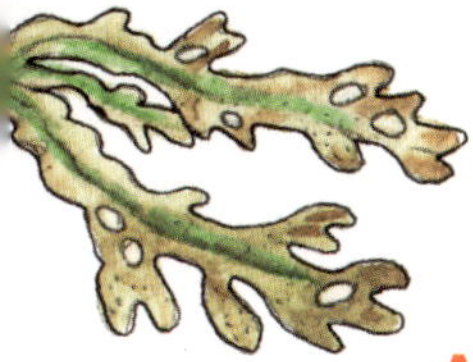

Algen, die

Zu der **Pflanzen**gruppe der Algen gehören sehr viele Arten. Meist leben sie im **Wasser**. Sie können verschiedene Formen (z. B. fadenförmig, verästelt, blattförmig) und Farben (z. B. grün, braun, rot) haben. Algen sind für viele Wassertiere ein wichtiger Teil der **Ernährung**, manche Arten sind auch für **Menschen** essbar.

Alkohol, der

Alkohol ist eine farblose, brennbare Flüssigkeit. In Bier, Wein, Schnaps und Sekt ist trinkbarer Alkohol enthalten. Er hat eine berauschende Wirkung, schon kleine Mengen können zu Schwindel, Konzentrationsschwäche und zu einer Beeinträchtigung von Verhalten und Reaktionsvermögen führen. Wer viel oder regelmäßig Alkohol trinkt, muss mit Gesundheitsschäden rechnen. Alkohol ist eine **Droge** und kann süchtig machen.

Allergie, die

Manche **Menschen** vertragen bestimmte Stoffe nicht. Kommen sie mit ihnen in Berührung, reagiert der Körper mit einer Überempfindlichkeit – er wehrt sich gegen diese Stoffe. Dann wird die **Haut** fleckig, die Nase juckt, die Augen tränen oder man bekommt schlecht Luft. Allergien gegen Pollen, Tierhaar und bestimmte Nahrungsmittel wie Nüsse oder Äpfel sind recht häufig. Eine Pollenallergie wird auch Heuschnupfen genannt.

A

Alpen, die

Die Alpen sind das höchste **Gebirge Europas**. Sie erstrecken sich über etwa 1200 km durch die Länder Frankreich, Monaco, **Deutschland**, **Schweiz**, **Österreich**, Liechtenstein, Slowenien und Italien. Mit 4 807 m Höhe ist der in Frankreich liegende Montblanc der höchste Berg der Alpen.

Alphabet, das

Ein Alphabet bezeichnet die Anzahl und Reihenfolge von Zeichen, mit denen die Wörter einer **Sprache** aufgeschrieben werden können. Das deutsche Alphabet hat 26 Buchstaben. Hinzu kommen noch die Umlaute ä, ö, ü und das ß. Das Wort „Alphabet" wird abgeleitet von den griechischen Buchstaben „alpha" und „beta" – den ersten beiden Buchstaben des griechischen Alphabets.

Amazonas, der

Der Amazonas ist der wasserreichste Strom der **Erde**. Er fließt durch **Südamerika** und ist etwa 6518 km lang. Der Amazonas entspringt in Peru und mündet in den **Atlantischen Ozean**. In dem riesigen **Regenwald**, der sich im Amazonasgebiet erstreckt, leben unzählige **Tier**- und **Pflanzen**arten.

Ameise, die

Ameisen gehören zu den **Insekten**. Sie leben in Staaten zusammen. Die Ameisen eines Volkes teilen sich die Aufgaben: Die Königin kann als Einzige **Eier** legen. Manche Arbeiterinnen kümmern sich um den Nachwuchs, andere besorgen Nahrung oder bauen und verteidigen das **Nest**. Die einzige Aufgabe der wenigen Männchen ist es, die Königin zu befruchten. Es gibt etwa 12 000 Ameisenarten auf der **Erde**.

Amerika

➡ Siehe: **Nordamerika**; **Südamerika**

A

Amphibien, die

Feuersalamander

Amphibien werden auch Lurche genannt. Sie haben eine schleimige **Haut**, die immer feucht bleiben muss. Amphibien sind wechselwarme **Tiere**. Viele Arten verbringen einen Teil ihrer Entwicklung im **Wasser** und einen Teil an Land. Die erwachsenen Tiere können sich oft ebenfalls sowohl im Wasser als auch an Land aufhalten. Zu den Amphibien gehören **Frösche**, **Kröten**, Salamander und Molche.

Amsel, die

Die Amsel ist eine häufig vorkommende Singvogelart. Sie ernährt sich von **Insekten**, **Würmern**, Beeren und **Früchten**. Die Männchen werden bis zu 29 cm groß, die Weibchen bleiben etwas kleiner.

Angst, die

Eine Bedrohung kann bei **Menschen** ein starkes Gefühl auslösen: Sie haben Angst. Die Vorstellungen von **Krieg**, Trennung oder **Arbeitslosigkeit** können Angst machen, manchmal auch eigentlich ungefährliche Dinge wie eine kleine **Spinne**. Angst ist kein schönes Gefühl, aber sie kann wichtig sein, da sie uns dazu veranlasst, unser Verhalten zu verändern. Es kann aber

passieren, dass jemand zu viel Angst vor etwas hat und ihn das im Alltag einschränkt (z. B., dass er bei Dunkelheit nicht mehr nach draußen geht). In so einem Fall können Ärzte und Psychologen helfen.
Eine konkrete Bedrohung – etwa die Begegnung mit einem hungrigen Löwen – erzeugt keine Angst, sondern Furcht. Diese bewirkt, dass der Körper sofort sehr leistungsstark wird, damit man sich in Sicherheit bringen kann. Furcht gehört wie Freude, Überraschung, Ekel und Traurigkeit zu den Grundgefühlen des Menschen.

Antarktis, die

Das Gebiet rund um den **Südpol** nennen wir Antarktis. Sie ist etwa 1,5-mal so groß wie **Europa** und ganzjährig fast vollständig von Eis bedeckt. Wegen der dort herrschenden Kälte gibt es keine **Menschen** und nur wenige **Pflanzen**- und **Tier**arten. Es wurden **Temperaturen** von –89 °C gemessen. Die bekanntesten Tiere sind die **Pinguine**. Auf der Antarktis liegt Antarktika, der südlichste Kontinent der Erde.

➡ Siehe auch: **Weltkarte**, Seite 282/283

A

Antike, die

Als Antike (auch: Altertum) bezeichnen wir vor allem die Zeit von etwa 1200 v. Chr. bis 500 n. Chr., in der sich im Mittelmeerraum die griechische und römische **Kultur** stark weiterentwickelten. Die damalige **Kunst**, die Philosophie und die Erkenntnisse in der **Wissenschaft** (z. B. in den Bereichen **Astronomie**, **Biologie** und **Mathematik**) hatten großen Einfluss auf die Entwicklung der europäischen Kultur.

➡ Siehe auch: **Griechenland**, **Rom**

Apfel, der

Äpfel gehören zu den Kernobstsorten. Allein in **Deutschland** gibt es etwa 1600 Sorten. Äpfel werden schon seit über 1000 Jahren angebaut. Ihre Schale kann rot oder grün sein, darunter liegt das Fruchtfleisch und in der Mitte das Kerngehäuse mit den braunen **Samen**.

Apollo 11

Apollo 11 ist der Name der ersten bemannten amerikanischen Raumfahrtmission, bei der am 21. Juli 1969 Neil Armstrong und Edwin Aldrin den **Mond** betraten.

Äquator, der

Der Äquator ist der längste **Breitengrad**. Er umschließt die **Erde** an der breitesten Stelle und teilt sie in eine Nord- und eine Südhalbkugel. Den Lebensraum, der an den Äquator angrenzt, nennen wir **Tropen**. Der Äquator hat eine Länge von etwa 40 076 km.

➡ Siehe auch: **Weltkarte**, Seite 282/283

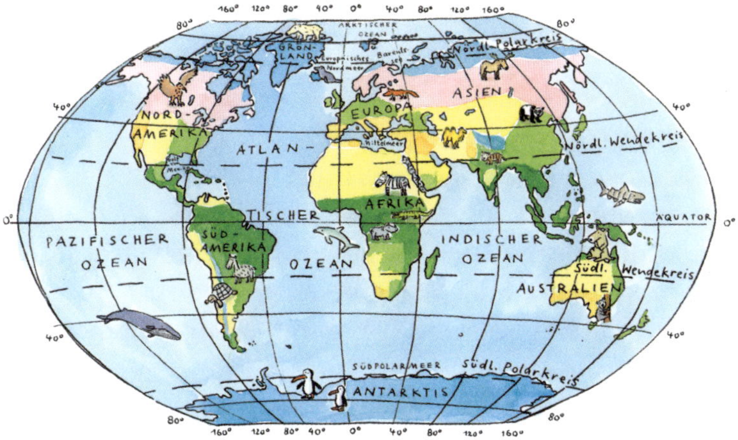

Arbeit, die

Arbeit ist eine zielgerichtete Tätigkeit (also nicht Sport oder Spiel). Damit **Menschen** ihre Bedürfnisse nach z. B. Wohnung, Kleidung und Nahrung erfüllen können, müssen sie entweder selbst etwas herstellen oder eine bezahlte Arbeit, also einen **Beruf**, haben, um von dem **Geld** die nötigen Güter kaufen zu können. Sinnvolle Arbeit zu leisten, ist aber auch wichtig für die Zufriedenheit.

Arbeitslosigkeit, die

Menschen, die in der Lage wären, einer bezahlten **Arbeit** nachzugehen, aber keine Stelle haben, sind arbeitslos. Um Essen, Kleidung und Miete bezahlen zu können, bekommen Arbeitslose Geld vom **Staat**. Der Staat versucht auch Arbeitsplätze zu vermitteln, hierfür ist die Bundesagentur für Arbeit zuständig. Keine Arbeit zu haben, ist für viele Betroffene eine große Belastung.

Archäologie, die

Archäologie ist die **Wissenschaft**, die sich mit der Erforschung des Altertums beschäftigt. Die Archäologen untersuchen Fundstücke aus jener Zeit, z. B. Vasen, Münzen, Bilder oder Werkzeuge, und versuchen dadurch etwas über das Leben der **Menschen** in der Vergangenheit herauszufinden.

Architektur, die

Architektur ist die Baukunst. Zu ihr gehören das Entwerfen, Planen und Erstellen von Bauwerken – das können z. B. Kirchen, Brücken, Türme oder Häuser sein.

Arktis, die

Das Gebiet rund um den **Nordpol** nennen wir Arktis. Dazu gehören die nördlichen Gebiete von **Nordamerika**, **Asien** und **Europa**, viele Inseln

(z. B. Grönland und Island) sowie die meterdicken Eisschichten über dem **Nordpolarmeer**. Landmassen gibt es über dem Nordpol nicht und deswegen ist die Arktis kein **Kontinent**. In der Arktis leben **Eisbären**, Rentiere und Polarfüchse.

➡ Siehe auch: **Weltkarte**, Seite 282/283

Armut, die

Hat ein **Mensch** nicht genug **Geld**, um sich die Grundbedürfnisse des Lebens (Nahrung, Wohnung, Kleidung) leisten zu können, lebt er in Armut. Bei uns gilt jemand als arm, der nur ungefähr halb so viel Geld zur Verfügung hat wie der Durchschnitt der Bevölkerung.

Arterie, die

Arterien sind ein Teil der Blutgefäße, auch **Adern** genannt. In ihnen wird das sauerstoffreiche **Blut** vom **Herzen** zu den **Organen** transportiert.

Asien

Asien ist der größte **Kontinent**. Etwa vier Mrd. **Menschen**, das sind mehr als die Hälfte der Weltbevölkerung, leben in den etwa 50 Ländern Asiens. Im Westen grenzt Asien an **Europa**. Die Verteilung der Bevölkerung ist sehr unterschiedlich: In Indien und China wohnen jeweils mehr als eine Mrd. Menschen, andere Länder und Regionen sind nur dünn besiedelt. Es gibt viele arme Länder in Asien (z. B. Vietnam, Indien, Georgien), andere Länder gelten als wohlhabend und fortschrittlich (z. B. Japan, Singapur, Taiwan). Alle 14 Achttausender der Welt, also Berge, die über 8000 m hoch sind, liegen in Asien. Der höchste von ihnen, der Mount Everest (8848 m), gehört zum Himalaja-Gebirge. Das Kaspische Meer ist der größte **See** der **Erde** – seine Fläche ist größer als die **Deutschlands**.

➡ Siehe auch: **Weltkarte**, Seite 282/283

Astronomie, die

Astronomie oder Sternenkunde ist die **Wissenschaft**, die sich mit der Erforschung des **Weltalls** beschäftigt.

Blick in den Sternenhimmel

Asyl, das

Manche **Menschen**, die in ihrem Heimatland nicht sicher leben können, fliehen in ein anderes Land (➡ **Flüchtling**). In dem neuen Land können sie Asyl beantragen – also Zuflucht und die Erlaubnis zu bleiben. In **Deutschland** darf jeder um Asyl bitten, dieser Antrag wird dann geprüft. Wer ein Anrecht auf Asyl hat, ist im Gesetz festgelegt: Menschen, die wegen ihres Glaubens oder ihrer politischen Meinung bedroht werden, gehören dazu. **Armut** ist kein Grund für Asyl. Das Wort Asyl kommt aus dem Griechischen und bedeutet „Zufluchtsort" oder auch „Unterkunft".

Atlantischer Ozean

Das zweitgrößte Weltmeer wird im Westen von **Nord-** und **Südamerika** begrenzt und im Osten von **Europa** und **Afrika**. Im Norden liegt die **Arktis**, im Süden die **Antarktis**. Der Atlantik bedeckt etwa ein Fünftel der Erdoberfläche.

➡ Siehe auch: **Weltkarte**, Seite 282/283

Atlas, der

Ein Atlas ist ein Buch, das Landkarten oder Himmelskarten enthält.

Atmosphäre, die

➡ Siehe: **Erdatmosphäre**

Atmung, die

Wir atmen, damit unser **Körper** den lebenswichtigen **Sauerstoff** erhält. Die eingeatmete **Luft** gelangt in die **Lungen**. Dabei geht Sauerstoff aus der Luft ins **Blut** über und wird von den roten Blutkörperchen zu den **Organen** transportiert. Beim Ausatmen scheiden wir **Kohlendioxid** aus. **Fische** und andere Wassertiere atmen meist durch Kiemen.

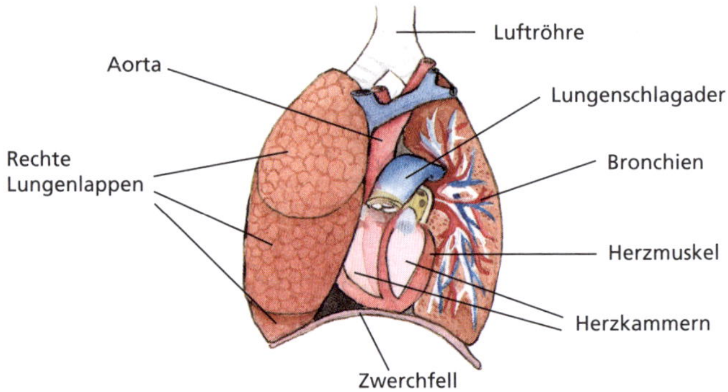

Atom, das

Atome sind winzig kleine Bausteine, aus denen alles um uns herum besteht: **Lebewesen**, **Luft**, **Wasser**, Steine, **Planeten** und jeder Stoff, den es gibt. Atome haben einen Kern und eine Hülle. Der Kern ist positiv elektrisch (➡ **Elektrizität**) geladen. Die Ladung der auf verschiedenen Bahnen um ihn kreisenden Teilchen, der Elektronen, ist negativ. Die Elektronen auf der äußersten Schale können sich mit anderen Atomen verbinden. Atome selbst bestehen aus noch kleineren Elementarteilchen. Wird ein Atomkern gespalten, wird sehr viel **Energie** freigesetzt. Atomkraftwerke nutzen diese Möglichkeit zur **Strom**gewinnung.

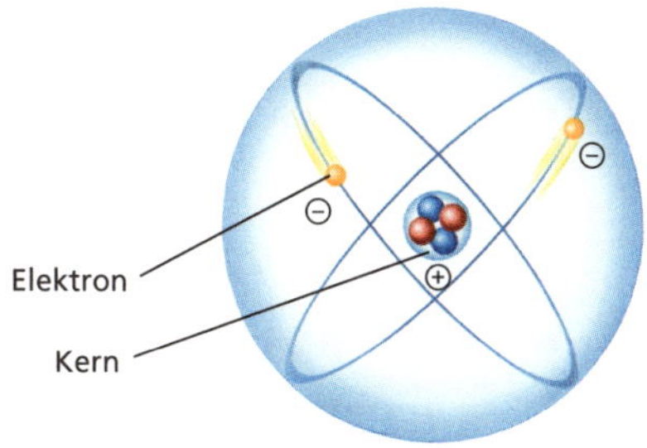

Atomenergie, die

➡ Siehe: **Kernenergie**, die

Attentat, das

Ein Attentat ist ein Anschlag auf das Leben eines oder mehrerer Menschen aus politischen oder religiösen Gründen.

Auge, das

Das Auge ist das **Sinnes**organ, mit dem wir **Farben** und Gegenstände sehen können, indem wir **Licht** aufnehmen. Es besteht aus einem Augapfel, der durch **Muskeln** bewegt werden kann. Lid, Wimpern, Augenbrauen und **Tränen** schützen das Auge vor

Schmutz und Verletzungen. Das Licht fällt durch die Pupille und eine Linse und trifft dann auf die Netzhaut. Dort entsteht ein Bild von dem, was wir gerade ansehen. **Nerven**zellen leiten die Informationen weiter an das **Gehirn**.

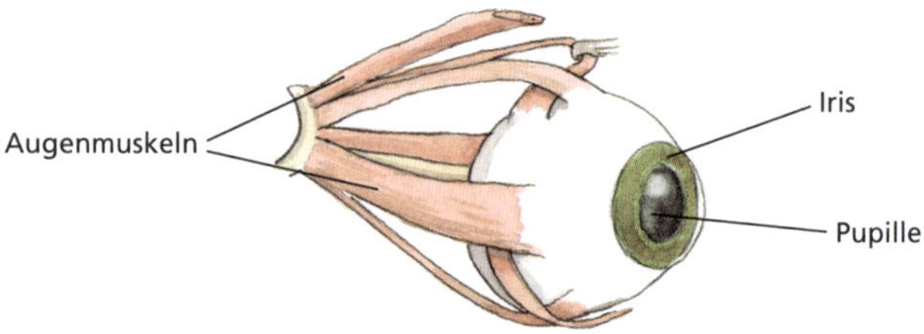

Australien

Australien ist ein **Staat** und ein **Kontinent** zugleich – der kleinste der Welt. Mehr als die Hälfte der Einwohner leben in den vier größten Küstenstädten. Der Rest des Kontinents ist kaum besiedelt. Landwirtschaft und Viehzucht, der Abbau von Eisenerz und Kohle sowie Tourismus sind wichtige Wirtschaftszweige in Australien. Im Inneren und an der Westküste des Landes gibt es ausgedehnte **Wüsten**flächen. Tropisches **Klima** herrscht im Norden, an der Ostküste ist das Klima gemäßigt. Manche **Tier**arten kommen nur in Australien vor, z. B. Koalabär, Schnabeltier, Emu und zahlreiche Känguru-Arten. Herausragend sind außerdem der Uluru, ein Berg aus Sandstein, und das größte Korallenriff der Welt, das Great Barrier Reef, das nordöstlich von Australien liegt.

➡ Siehe auch: **Weltkarte**, Seite 282/283

Auto, das

Das Wort „Automobil“ bedeutet „Selbstantreiber“. Ein Auto ist zweispurig, hat ein Fahrgestell, Räder, einen **Motor**, Lenker und Bremsen. Die ersten mit einem Motor betriebenen Kraftwagen wurden vor etwa 120 Jahren entwickelt. Davor bewegten sich die **Menschen** mit Kutschen oder auf Schienen fort.

Automat, der

Ein Automat ist eine **Maschine**, die eine Arbeit verrichtet, ohne dass ein **Mensch** dabei sein muss. Das können recht einfache Maschinen sein, z. B. ein Getränkeautomat, oder komplizierte **Roboter**, die sogar **Auto**teile zusammensetzen können.

Bach, der

Ein Bach ist ein schmales, fließendes Gewässer. Er entspringt aus einer **Quelle**, meist in einem **Gebirge**. Ein Bach ist Lebensraum für viele **Tiere**, z.B. **Insektenlarven**, **Fische** und **Schnecken**. Ein breites Fließgewässer nennen wir **Fluss**.

Bahnhof, der

Ein Bahnhof ist eine Haltestelle für Züge, an der Reisende ein- oder aussteigen, Güter verladen werden und Züge rangieren können. Ein Bahnhof muss mindestens eine Weiche haben, sonst ist er nur ein Haltepunkt.

Hamburger Bahnhof

Bakterie, die

Bakterien sind sehr kleine, einzellige Lebewesen, die nur unter einem **Mikroskop** zu erkennen sind. Sie gehören nicht zu den **Tieren** und auch nicht zu den **Pflanzen**, sondern bilden eine eigene Gruppe.

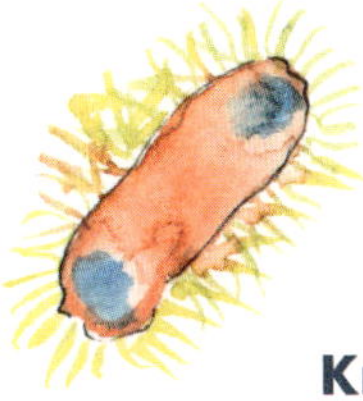
Darmbakterie

Bakterien gibt es überall, viele sind sehr nützlich, z. B. brauchen wir sie im **Darm** für die Verdauung. Andere rufen **Krankheiten** hervor.

Ballett, das

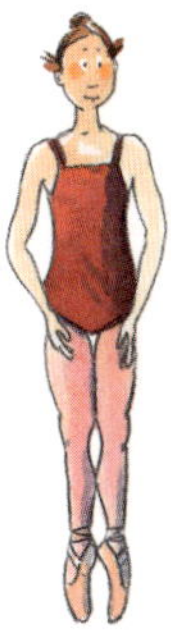

Als Ballett bezeichnen wir den kunstvollen Tanz, der von **Musik** begleitet wird. Es entstand vor etwa 350 Jahren in Frankreich. Die Tänzer erzählen nur durch ihre Bewegungen auf der Bühne eine Geschichte. Beim klassischen Ballett gibt es für die Bewegungsfolgen und Körperhaltungen strenge Regeln. Das moderne Ballett erlaubt freiere Bewegungen.

Bank, die

Eine Bank oder Sparkasse handelt mit **Geld**. Wenn wir gespartes Geld zur Bank bringen, bekommen wir dafür Zinsen, das heißt, die Bank bezahlt uns etwas dafür, dass wir ihr unser Geld für eine Zeit überlassen. Die Bank kann unser Geld nun weiterverleihen und fordert dafür einen höheren Zinssatz von demjenigen, der das Geld für einen Zeitraum braucht. Dieser muss also mehr zurückzahlen, als er geliehen hat – daran verdient die Bank.

Bär, der

Bären sind **Säugetiere**. Obwohl sie **Raubtiere** sind, fressen sie auch **Früchte** und **Insekten**, wenn es nichts anderes gibt. Wir unterscheiden acht Arten: Braunbär, Asiatischer und Amerikanischer Schwarzbär, Malaienbär, Lippenbär, Brillenbär, Großer Panda und **Eisbär**. In **Europa** kommt nur der Braunbär vor.

Junge Braunbären

Barometer, das

Ein Barometer misst den **Luftdruck**. Es wird als Instrument für die **Wettervorhersage** genutzt: Ein hoher Luftdruck bedeutet meist schönes **Wetter**, sinkender Luftdruck bringt Wetteränderung und **Regen**.

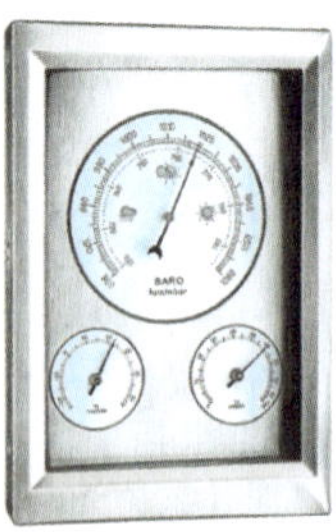

Batterie, die

Wo es keinen Stromanschluss gibt, sind Batterien für das Betreiben elektrischer Geräte, wie etwa Radio oder Taschenlampe, nötig. Eine Batterie speichert **Energie**. Sie enthält verschiedene Stoffe, z. B. Zink und Braunstein, die chemisch miteinander reagieren und dadurch **Strom** erzeugen. Umweltfreundlicher als Batterien sind wiederaufladbare Akkumulatoren, kurz Akkus.

Bauernhof, der

➡ Siehe auch: **Landwirtschaft**

Baum, der

Bäume sind **Pflanzen**, die aus **Wurzeln**, Stamm und Krone bestehen. Die Wurzel verankert den Baum im Boden und über sie nimmt er **Wasser** und **Nährstoffe** auf. Der Stamm wird von der schützenden Borke umgeben. **Laubbäume** tragen **Blätter**, die sich im Herbst verfärben und abfallen. Die meisten **Nadelbäume** sind immergrün. Bäume produzieren **Sauerstoff**, den wir zum Atmen brauchen.

Baumwolle, die

Viele Kleidungsstücke werden aus Baumwolle gefertigt. Der Baumwollstrauch wächst in warmen Gebieten, etwa in Indien, China und dem Süden der USA. Das Baumwollgarn wird aus den ca. 5 cm langen weißen Haaren der Samenkapsel gesponnen.

Befruchtung, die

Befruchtung ist die Verschmelzung einer weiblichen und einer männlichen Geschlechtszelle, also von **Ei** und **Samen**zelle. Dieser Vorgang dient der **Fortpflanzung**, es sollen also Nachkommen entstehen. Die weiblichen und die männlichen Erbanlagen werden dabei vermischt.

Behinderung, die

Menschen, die mit einer körperlichen, geistigen oder seelischen Beeinträchtigung leben, haben eine Behinderung. Dazu gehört z. B., wenn die Beine eines Menschen gelähmt sind, jemand vieles nicht versteht und sich nicht allein zurechtfinden kann, oder auch schwere Verhaltensauffälligkeiten. Eine Behinderung kann von Geburt an bestehen oder ihre Ursache in einer Krankheit oder einem Unfall haben.

Bernstein, der

Bernstein ist ein gelblich-bräunlicher Schmuckstein, der vor allem an der **Ostsee**küste zu finden ist. Er besteht aus **Harz**, das **Nadelbäume** vor Millionen von Jahren aussonderten. Es härtete an der **Luft** aus, fiel ab und normalerweise zersetzte es sich auf dem Boden nach und nach. Wenn das Harz aber in einen **Fluss** oder ins **Meer** gelangte, blieb es erhalten. Es rutschte immer tiefer in den Boden und unter dem großen Gewicht der überlagernden Gesteinsschichten entstand nach sehr langer Zeit Bernstein. Manchmal sind darin Insekten eingeschlossen, die sich auf das klebrige Harz am Baum gesetzt hatten. Genau genommen ist Bernstein kein Stein, sondern sehr altes Baumharz.

Beruf, der

Ein Beruf wird meist in einer Ausbildung oder im Studium erlernt. Arbeitet man dann in diesem Beruf, erhält man dafür **Geld**, mit dem man dann z. B. Miete, Nahrung und Kleidung bezahlen kann. Es gibt Berufe für die verschiedensten Interessen, Begabungen und Kenntnisse. Wer sich für Autos und Technik interessiert, könnte etwa Kfz-Mechatroniker/in werden; jemand, der sich für Pflanzen interessiert, wird vielleicht Gärtner/in.

Bibel, die

Die Bibel ist eine Sammlung von Schriften, die vor über 2000 Jahren verfasst wurden. Für das **Christentum** ist die Bibel die Grundlage des Glaubens. Sie besteht aus dem Alten Testament und dem Neuen Testament. Im Alten Testament stehen u.a. Geschichten über die Erschaffung der Welt, das jüdische Volk und die Gebote **Gottes**. Das Neue Testament handelt vor allem von Jesus Christus und der Entstehung des Christentums. Es wurde nach Jesus' Tod von seinen Anhängern geschrieben. Die jüdische Bibel wird Thora genannt.

Biber, der

Der Biber ist ein **Nagetier**, das in **Flüssen Europas**, **Nordamerikas** und im Norden **Asiens** vorkommt. Er wird bis zu 1 m lang. Auffällig sind sein breiter, flacher Schwanz, die kräftigen Nagezähne und seine Schwimmhäute. Geschickt baut er große Baue, die nur durch einen Eingang im Wasser zugänglich sind.

Biene, die

Bienen sind **Insekten**, die in Völkern zusammenleben. In jedem Bienenstock lebt eine Königin, die als Einzige **Eier** legen kann. Die meisten Bienen sind Arbeiterinnen. Sie sammeln Blütenpollen und Nektar, bauen und verteidigen das **Nest** und kümmern sich um die **Eier** und **Larven**. Besonders bekannt ist die Honigbiene. Sie kann gezüchtet werden, Imker ernten den Honig.

Biologie, die

Biologie ist die **Wissenschaft**, die sich mit dem Leben und den **Lebewesen** beschäftigt. Dazu gehören **Menschen**, **Tiere**, **Pflanzen**, **Pilze** und **Bakterien**. Es gibt viele Fachgebiete, die einzelne Bereiche genau erforschen: Zoologie ist Tierkunde, Botanik die Pflanzenkunde und Genetik ist Vererbungslehre.

Bionik, die

Bionik ist die **Wissenschaft**, die sich damit beschäftigt, Lösungen der **Natur** für die **Technik** zu nutzen. So haften z. B. Klettfrüchte sehr fest auf Fell oder Kleidungsstücken. Einem Schweizer Ingenieur fiel das auf und er kam auf die Idee, Klettverschlüsse zu entwickeln.

Biotop, das

Biotope sind die Lebensräume einer bestimmten Lebensgemeinschaft – z. B. der **Tiere** und **Pflanzen**, die in einem Teich zusammenleben.

Blatt, das

Blätter sind wichtige Teile einer **Pflanze**. Auf der Unterseite der Blätter sind die Spaltöffnungen, durch die die Pflanze **Kohlendioxid** aus der **Luft** aufnimmt. Im Blatt stellt die Pflanze aus dem Kohlendioxid, aus **Wasser** und Sonnenlicht Zucker her, den sie als **Nährstoff** benötigt. Dabei bildet die Pflanze **Sauerstoff**, den sie durch die Spaltöffnungen wieder abgibt.

Kastanienblatt

Blindenschrift, die

Damit auch Blinde lesen und schreiben können, entwickelte der Franzose Louis Braille 1825 die Blindenschrift. Jeder Buchstabe besteht aus Punkten, die in das Papier gedrückt werden. Die Erhebungen können mit den Fingern gelesen werden. Die Blindenschrift wird auch Brailleschrift genannt.

Blindheit, die

Wenn **Menschen** nur sehr wenig oder gar nicht sehen können, sind sie blind. Durch **Krankheit** oder Verletzung kann es zu Blindheit kommen, manchmal ist sie auch angeboren.

Blindschleiche, die

Die Blindschleiche ist trotz ihres Aussehens keine **Schlange**, sie gehört zu den **Echsen**. Sie lebt in **Wäldern**, Gärten und Parks in **Europa** und in einigen asiatischen Gebieten. Ihre Nahrung besteht vor allem aus **Würmern** und Nackt**schnecken**. Sie kann bis zu einem halben Meter lang werden.

Blume, die

Pflanzen mit auffälligen **Blüten** bezeichnen wir als Blumen. Rosen und Tulpen gehören zu den bekanntesten Blumen. Außerdem nennen wir einen einzelnen, geschnittenen Stiel mit einer Blüte daran ebenfalls Blume.

Blut, das

Blut ist eine Körperflüssigkeit, die vor allem den Transport von verschiedenen **Nährstoffen**, **Sauerstoff** und Abfallstoffen durch den **Körper** übernimmt. Blut besteht aus roten und weißen Blutzellen, Blutplättchen und Blutplasma. Es wird im **Knochen**mark gebildet und fließt in **Adern** durch den Körper.

Blüte, die

Viele **Pflanzen** haben Blüten, die sie für ihre **Fortpflanzung** brauchen. Aus ihnen bilden sich **Früchte** und **Samen**. Durch den Duft und das besondere Aussehen der Blüten werden **Insekten** angelockt, die die Pflanze bestäuben sollen.

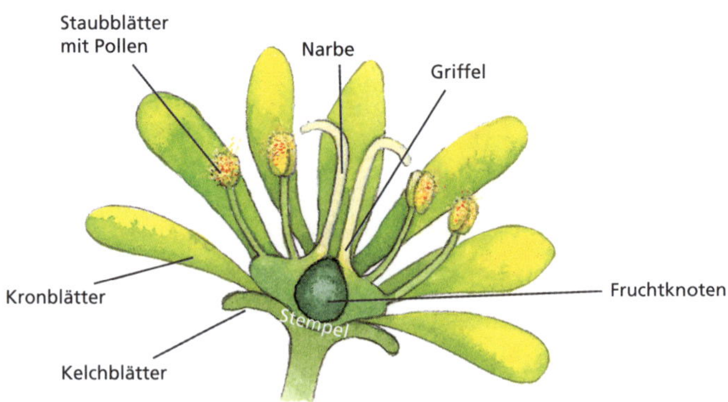

Breitengrad, der

Zur genauen Ortsbestimmung dient ein gedachtes Liniennetz der **Erde**, das Gradnetz. Es gibt 360 **Längengrade** und 180 Breitengrade. Der Breitengrad gibt an, wie weit ein Ort vom **Äquator**, dem längsten Breitengrad, entfernt ist.

➡ Siehe auch: **Weltkarte**, Seite 282/283

Brennnessel, die

Brennnesseln sind anspruchslose **Pflanzen**, sie wachsen an vielen Orten. Auf ihren **Blättern** befinden sich kleine Haare, in denen sich eine giftige Flüssigkeit befindet. Werden die Blätter berührt, zerbrechen die Haare, die Flüssigkeit tritt aus und brennt auf der **Haut**.

Brille, die

Eine Brille ist eine Sehhilfe oder ein Schutz für die **Augen**. Brillengläser können so geschliffen werden, dass sie die Sehfehler der Augen ausgleichen.

Brücke, die

Eine Brücke ist ein Bauwerk, das uns ermöglicht, Flüsse, Täler, Schluchten oder auch Autobahnen zu überqueren. Sie kann aus Holz, Stein, Stahl oder Beton sein.

Brunnen, der

Ein Brunnen ist eine Anlage, mit der wir an das meist mehrere Meter unter der Erde liegende Grundwasser gelangen können. Ein tiefer Schacht wird ausgehoben und mit Beton oder Steinen gestützt. Von unten oder durch die Wände des Schachtes läuft **Wasser** in den Brunnen, das nun nach oben gepumpt werden kann. Grundwasser nutzen wir als Trinkwasser.

Mittelalterlicher Brunnen

Buch, das

Ein Buch ist eine Sammlung von beschriebenen, zusammengebundenen Blättern. Seit etwa 600 Jahren werden Bücher aus Papier hergestellt, früher verwendeten die **Menschen** Papyrus oder Pergament.
Um 1450 erfand Johannes Gutenberg den Buchdruck. Seitdem können Bücher mit **Maschinen** vervielfältigt werden. Die moderne Form des Buches ist das **E-Book**.

Buddhismus, der

Der Buddhismus gehört zu den fünf **Weltreligionen**. Er gründet auf der Lehre des Inders Siddhartha Gautama, der vor etwa 2500 Jahren lebte. Dieser gilt als der „Erleuchtete", der Buddha, der den Lauf der

Welt verstanden hatte. Buddha ist kein **Gott**, sondern ein Vorbild und Lehrer. Er lehrte, wie der **Mensch** das Leiden im Leben überwinden kann. Dazu gehört u.a., Mitgefühl für andere **Lebewesen** zu empfinden, Gier und Hass hinter sich zu lassen und Gutes zu tun. Buddhisten glauben, dass Menschen nach dem **Tod** als Mensch, **Tier** oder **Pflanze** wiedergeboren werden. Dieser Kreislauf ist leidvoll und die Gläubigen wollen ihn beenden, indem sie Weisheit und Erleuchtung erlangen. Dann erreichen sie das Nirwana, die völlige Ruhe. Rund 400 Mio. Menschen weltweit sind Buddhisten.

Bundeskanzler, der

➡ Siehe auch: **Deutschland**

Bundespräsident, der

➡ Siehe auch: **Deutschland**

Bundesrepublik Deutschland

➡ Siehe auch: **Deutschland**

Burg, die

Eine Burg ist ein großes Bauwerk, das aus mehreren Gebäuden mit dicken Wänden und einer Schutzmauer besteht. Burgen dienten im **Mittelalter** reichen Fürsten und **Rittern** als Wohnraum und Schutz.

Bürger, der

Die Menschen, die im **Mittelalter** in einer **Burg** Schutz suchen konnten, hießen Bürger. Heute nennen wir jeden **Menschen** so, der Angehöriger eines **Staat**es ist. Alle Staatsbürger haben die gleichen Rechte (z. B. Wahlrecht) und Pflichten (z. B. Einhaltung der **Gesetze**).

Bürgermeister, der

In einer **Stadt** oder einem **Dorf** wählen die wahlberechtigten Bewohner ihr Oberhaupt – den Bürgermeister. Er kümmert sich um die Interessen der **Bürger** und der Gemeinde und um die Umsetzung der Beschlüsse des Stadtrates.

Mäusebussard

Bussard, der

Bussarde gehören zu den Greifvögeln. Sie sind mit den **Adlern** verwandt, aber kleiner als diese. Es gibt weltweit etwa 28 Arten. Bei uns ist der Mäusebussard sehr verbreitet. Er lebt in Wäldern, jagt aber in offenem Gelände. Seine Beute sind vor allem kleine Säugetiere, z.B. Mäuse, Eidechsen und Frösche.

C

CD, die

CD ist die Abkürzung für den englischen Begriff Compact Disc, das bedeutet Kompaktschallplatte. Sie ist ein Speichermedium für Töne, Bilder oder **Schrift**. Die **Informationen** sind durch winzige Vertiefungen auf der Scheibe gespeichert. Der CD-Spieler oder der **Computer** tastet mit einem Laserstrahl die Scheibe ab und wandelt die Vertiefungen wieder in Töne oder Bilder um.

Chamäleon, das

Chamäleons sind **Reptilien** und gehören zu den **Echsen**. Sie leben in **Asien**, **Afrika** und Süd**europa**. Sie ernähren sich vor allem von **Insekten**, die sie mit ihrer langen, klebrigen Schleuder**zunge** fangen. Chamäleons können ihre **Haut**farbe verändern. Das dient der Kommunikation mit den Artgenossen und der Tarnung.

Chemie, die

Chemie ist die **Wissenschaft**, die sich mit den Stoffen beschäftigt. Chemiker untersuchen, woraus Stoffe zusammengesetzt sind, welche Eigenschaften sie haben und wie sie sich verändern, wenn sie mit anderen Stoffen in Berührung kommen. **Wasser** ist z. B. ein Stoff, der aus Wasserstoff und **Sauerstoff** besteht und flüssig, fest oder gasförmig sein kann.

Christentum, das

Das Christentum ist eine der großen **Weltreligionen**. Etwa zwei Milliarden **Menschen** weltweit sind Christen. Sie glauben an einen **Gott**, der die Welt erschaffen und ihnen die Zehn Gebote geschickt hat, nach denen der Mensch leben soll. Gottes Sohn Jesus Christus lebte vor etwa 2000 Jahren als Wanderprediger im heutigen Israel. Weil die damals herrschende römische **Regierung** dachte, Jesus würde die Bevölkerung aufhetzen, wurde er am Kreuz getötet. Nach christlichem Glauben erstand er kurz darauf von den Toten auf und stieg dann in den Himmel auf. Dabei nahm er die Sünden der Menschen mit. Auf diese Weise hat Gott die Menschen erlöst. Das heilige Buch der Christen ist die **Bibel**.

Chor, der

Eine Gruppe von **Menschen**, die zusammen singen.

Cockpit, das

Ein Cockpit ist die Pilotenkabine im **Flugzeug**. Bei Rennwagen heißt so der Platz des Fahrers.

Comic, der

Das Wort Comic ist die Abkürzung für Comicstrip und das bedeutet „lustiger Streifen“. Die gezeichneten Bildergeschichten sind aber nicht nur lustig, sie können auch spannend oder informativ sein. Bekannte Comicfiguren sind Tim und Struppi, Asterix und Obelix, Micky Maus und Superman.

Computer, der

Ein Computer ist eine elektronische Anlage, die Daten verarbeitet. Um 1950 wurden die ersten elektrischen Rechenmaschinen gebaut, seitdem entwickelt sich die Computertechnik sehr schnell weiter. Zu einem Computer gehören die Hardware – das sind Rechner, Monitor, Tastatur und Maus – und die Software, also die Programme, die dem Rechner sagen, was er tun soll. Alle Daten und Befehle stellt der Computer in Reihen aus 0 und 1 da – das kann etwa so aussehen:

P	=	01010000
I	=	01001001
X	=	01011000
I	=	01001001

Dachs, der

Der Dachs ist ein nachtaktives **Säugetier**. Sein Lebensraum sind die **Wälder Europas**. Er ist ein Allesfresser, ernährt sich also von **Pflanzen** und Beutetieren wie **Mäusen**, **Insekten** und **Würmern**. Dachsbaue liegen unter der Erde, sind oft sehr groß und werden über viele Jahre genutzt.

Dampfmaschine, die

Wasserdampf braucht viel mehr Platz als flüssiges **Wasser**. Erhitzt man Wasser in einem geschlossenen Behälter, entsteht ein hoher Dampfdruck. Eine Dampfmaschine nutzt diesen Druck, überträgt die entstehende Kraft auf einen Kolben und setzt ihn in Bewegung. Die Dampfmaschine wurde im 18. Jh. entwickelt. Früher wurden **Schiffe** und **Eisenbahnen** mit Dampfmaschinen angetrieben.

Darm, der

Der Darm ist ein schlauchförmiges **Verdauungsorgan**. Er ist bis zu 8 m lang und reicht, in Schlingen gelegt, vom **Magen** bis zum Darmausgang, dem After. Den oberen Teil bezeichnen wir als Dünndarm. In ihm wird die Nahrung so zerlegt, dass die **Nährstoffe** verwertbar sind. Sie werden dann durch die Darmwand in das **Blut** abgegeben und im **Körper** verteilt. Im unteren Teil des Darms, dem Dickdarm, wird den nicht verdaulichen Bestandteilen der Nahrung das **Wasser** entzogen und sie werden schließlich als Kot ausgeschieden.

DDR (Deutsche Demokratische Republik), die

Deutschland begann 1939 einen großen **Krieg**, den Zweiten Weltkrieg, in den viele Länder verwickelt waren. 1945 wurde Deutschland besiegt. Um sicherzugehen, dass von Deutschland kein Krieg mehr ausgehen würde, teilten die Siegermächte USA, England, Frankreich und die Sowjetunion (heute v.a. Russland) Deutschland in vier Gebiete auf und übernahmen jeweils die Kontrolle über einen Teil. Doch es gab Streit zwischen diesen Verbündeten und 1949 wurde Deutschland geteilt: Aus dem westlichen Teil wurde die **Bundesrepublik Deutschland** und aus dem sowjetischen Teil die DDR. In der DDR gab es nur eine **Partei**. Die **Regierung** schränkte die Freiheit der **Bürger** stark ein: Sie durften z.B. das Land fast nie verlassen, nicht selbst entscheiden, welchen **Beruf** sie lernen wollen und nichts Kritisches über die Regierung sagen. Die **Grenze** zwischen den Ländern wurde scharf bewacht. Sehr viele **Menschen** waren unzufrieden, immer mehr protestierten, und 1989 wurden schließlich die Grenzen geöffnet. 1990 vereinigten sich die DDR und die Bundesrepublik und seitdem gibt es wieder ein gemeinsames Land. Die Bundesländer Brandenburg, Mecklenburg-Vorpommern, Sachsen-Anhalt, Thüringen und Sachsen gehörten früher zur DDR.

Delfin, der

Delfine sind im **Wasser** lebende **Säugetiere**. Sie gehören zu den **Walen** und kommen in allen **Meeren** und einigen **Flüssen** vor. Die meisten Delfine der weltweit etwa 30 Arten leben in Gruppen und sind schnelle und geschickte Schwimmer.

Demokratie, die

Das Wort Demokratie kommt aus dem Griechischen und bedeutet „Herrschaft des Volkes". In vielen Ländern gibt es die demokratische Staatsform, z. B. in **Deutschland**. Da nicht jeder Einzelne bei einer Entscheidung nach seiner Meinung gefragt werden kann, wählen die **Bürger** Politiker, die ihre Interessen vertreten sollen. In einer Demokratie hat jeder die gleichen Rechte und Pflichten, jeder darf seine Meinung sagen und hat das Recht, zur **Wahl** zur gehen.

Demonstration, die

Wenn **Menschen** auf ihre Meinung aufmerksam machen wollen, können sie sich auf der Straße oder auf einem Platz versammeln. Meist tragen sie Plakate, auf denen steht, welche Forderungen oder Wünsche sie haben.

Deutschland

Amtliche Bezeichnung: Bundesrepublik Deutschland
Regierungsform: Parlamentarische Demokratie
Staatsoberhaupt: BundespräsidentIn / Bundespräsident
Regierungsoberhaupt: Bundeskanzlerin / Bundeskanzler
Gründung: 23. Mai 1949
Einwohner: rund 82,8 Millionen
Fläche: rund 357 000 km²
Hauptstadt: Berlin, rund 3,6 Mio. Einwohner
16 Bundesländer

Nachbarländer: Dänemark, Polen, Tschechien, Österreich, Schweiz, Frankreich, Luxemburg, Belgien, Niederlande
Die höchsten Berge: Zugspitze (2962 m), Hochwanner (2744 m), Watzmann (2713 m)
Die größten Seen: Bodensee (gehört z.T. auch zu Österreich und der Schweiz), Müritz, Chiemsee, Schweriner See, Starnberger See
Die längsten Flüsse: Donau, Rhein, Elbe, Oder, Weser, Mosel, Main
Die größten Inseln: Rügen (Ostsee), Usedom (Ostsee, gehört z. T. zu Pole Fehmarn (Ostsee), Sylt (Nordsee), Föhr (Nordsee)
Landschaften (von Norden nach Süden): Norddeutsches Tiefland; Mittelgebirgszone (z. B. Bayerischer Wald, Eifel, Erzgebirge, Harz, Taunus); Alpenvorland und Alpen

Etwa 30 Prozent der Fläche Deutschlands sind von Wald bedeckt.

Größte Tiere: Wisent (bis zu 3 m lang), Rothirsch (bis zu 2,5 m lang)
Lieblingsreiseziele: Deutschland, Spanien, Italien, Österreich
Beliebteste Sportart: Fußball
Gewonnene Fußballweltmeisterschaften:
Männer: 1954, 1974, 1990, 2014
Frauen: 2003, 2007

Besonderheit:
Etwa 3200 verschiedene Brotsorten – das ist Weltrekord!

Berühmte Schriftsteller: Johann Wolfgang von Goethe, Friedrich Schiller, Thomas Mann
Berühmte Komponisten: Johann Sebastian Bach, Ludwig van Beethoven, Johannes Brahms
Berühmte Wissenschaftler: Alexander von Humboldt (Naturforscher), Robert Koch (Mediziner, entdeckte Krankheitserreger), Conrad Röntgen (Physiker, entdeckte die Röntgenstrahlen), Albert Einstein (Physiker, entwickelte die Relativitätstheorie)
Berühmte Erfinder: Johannes Gutenberg (Buchdruck), Otto Lilienthal (erste bemannte Fluggeräte), Gottlieb Daimler (Verbrennungsmotor), Carl Benz (Verbrennungsmotor)

Diktatur, die

Eine Diktatur ist eine **Regierung**sform, bei der die ganze Macht bei einer einzelnen Person oder einer Gruppe von **Menschen**, zum Beispiel einer **Partei**, liegt. In vielen Fällen unterdrücken die Machthaber ihre Gegner und missachten die Menschenrechte, z. B. durch die Einschränkung der Meinungsfreiheit und der Versammlungsfreiheit. Der Gegensatz zur Diktatur ist die **Demokratie**.

Dinosaurier, der

Dinosaurier waren **Reptilien**. Sie lebten an Land und vermehrten sich durch das Legen von **Eiern**. In den etwa 165 Mio. Jahren, die es sie gab, entwickelte sich eine große Artenvielfalt: Es gab **Pflanzen**fresser und Fleischfresser, sehr große und sehr kleine Arten.
Noch immer entdecken Wissenschaftler jedes Jahr **Fossilien** von bislang unbekannten Dinosaurierarten. Dinosaurier starben vor etwa 65 Mio. Jahren aus – lange bevor es **Menschen** gab.

Ankylosaurier
(Euoplocephalus)

Doping, das

Wenn Sportler ihre Leistung verbessern wollen und dafür **Medikamente** oder andere unerlaubte Mittel nehmen, bezeichnet man das als Doping. Da die Einnahme dieser Mittel gesundheitsschädlich sein kann und außerdem dazu führt, dass die Leistungen der Sportler nicht mehr fair miteinander verglichen werden können, ist Doping verboten.

Dorf, das

Ein Dorf ist eine kleine, ländliche Ortschaft. Früher war ein Dorf eine Ansammlung von **Bauernhöfen**, heute arbeiten viele Bewohner außerhalb des Dorfes.

Droge, die

Unter Drogen verstehen wir Rauschmittel, von denen viele süchtig machen können. Zu ihnen gehören **Alkohol**, Nikotin, Heroin, Kokain oder Ecstasy. Drogen wirken auf das **Gehirn**. Eine **Sucht** besteht, wenn jemand nicht mehr die seelische Kraft hat, auf die Droge zu verzichten, oder wenn der Körper ohne die Droge z. B. mit Zittern, Übelkeit oder Krämpfen reagiert.

Dschungel, der

Die **Urwälder** in **Asien** werden als Dschungel bezeichnet.

DVD, die

DVD ist die Abkürzung für den englischen Begriff Digital Versatile Disc, das bedeutet etwa „vielseitige Digitalscheibe“. Sie funktioniert wie eine **CD**, allerdings ist die Datenmenge, die eine DVD speichern kann, viel größer.

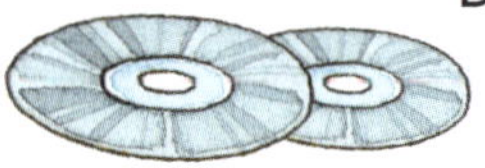

Dynamo, der

Ein Dynamo ist ein kleiner **Strom**erzeuger. Wahrscheinlich wird die Leuchte an deinem **Fahrrad** mit einem Dynamo betrieben. In ihm befinden sich ein Magnet und eine Spule. Wenn der **Magnet** durch die Tretkraft gedreht wird, entsteht aus der mechanischen **Energie** elektrische Energie. Diese wird durch ein Stromkabel an die **Glühbirne** weitergegeben.

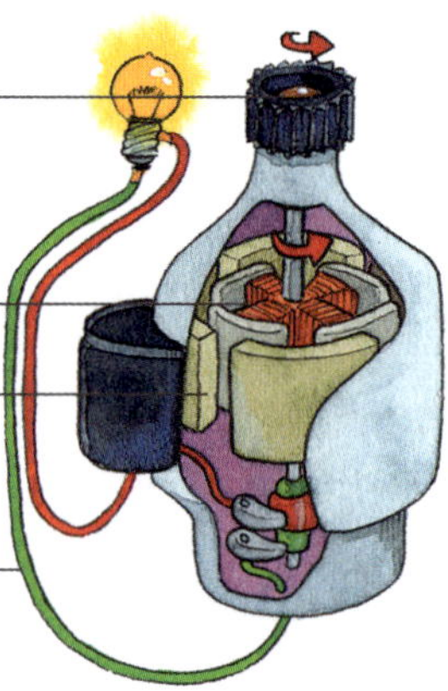

Ebbe und Flut

Der Wasserstand der **Meere** ist nicht immer gleich. Etwa sechs Stunden lang steigt das Wasser an – es ist Flut. Nachdem es einen Höchststand erreicht hat, ist sechs Stunden lang Ebbe, der Wasserspiegel sinkt wieder. Ebbe und Flut nennen wir auch Gezeiten. Grund für die Gezeiten sind die Anziehungskräfte des **Mondes** und der **Sonne**.

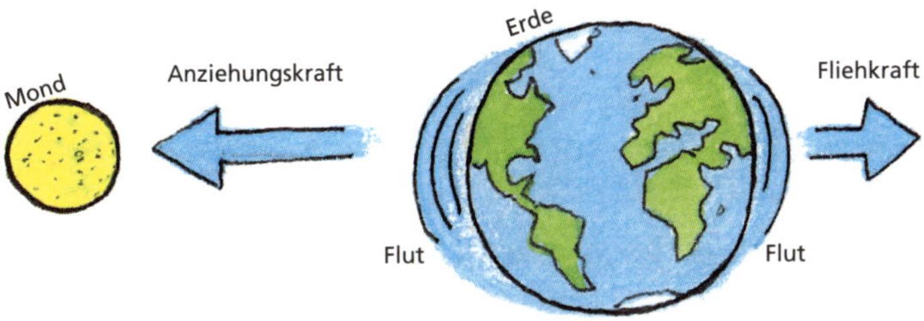

E-Book, das

Erscheint ein **Buch** als E-Book, erhält man es nicht auf Papier gedruckt, sondern als Datensatz, der am **Computer** oder auf einem Lesegerät gelesen wird.

Echo, das

Alle Geräusche, die du hörst, sind Schwingungen, die durch die **Luft** zu deinen **Ohren** getragen werden. Diese Schwingungen nennen wir Schallwellen. Treffen **Schall**wellen auf ein Hindernis, z. B. eine Felswand oder Mauer, werden sie zurückgeworfen. Dann hört man das Geräusch noch mal, entweder ganz oder einen Teil davon.

Waldeidechse

Echsen, die

Die etwa 3000 Echsenarten bilden die größte Untergruppe der **Reptilien**. Echsen haben vier Beine, trockene, schuppige **Haut** und einen langen Schwanz. Zu ihnen gehören **Chamäleons**, Eidechsen und Warane. Bei manchen Echsen sind die Beine zurückgebildet, etwa bei der **Blindschleiche**.

Edelstein, der

Edelsteine sind seltene, schöne Steine, aus denen Schmuck oder Verzierungen gefertigt werden. Damit sie sich bilden, müssen unter der Erde bestimmte **Mineralien** bei hoher **Temperatur** und hohem Druck liegen. Nach vielen Hunderttausend Jahren entstehen dann z. B. Achate, Rubine oder Saphire. Die wertvollsten Edelsteine sind Diamanten.

geschliffener Rubin

geschliffener Saphir

Ei, das

Aus befruchteten Eizellen entsteht Leben. Nach der **Befruchtung** teilt sich die **Zelle** immer wieder und ein Organismus beginnt zu wachsen.
Vögel, **Reptilien**, **Fische** und **Insekten** legen Eier ab.

Reptilien schlüpfen aus Eiern.

Eichelhäher, der

Der Eichelhäher gehört zu den **Raben**vögeln. Er wird etwa 35 cm groß. Zu seinem Lebensraum gehören Gärten, **Wälder** und Parks. Neben Eicheln und Beeren frisst er auch **Insekten**, **Würmer**, Jungvögel und **Mäuse**.

Eichhörnchen, das

In Gärten, Parks und **Wäldern** sind Eichhörnchen sehr verbreitet. Sie gehören zu den **Nagetieren** und ernähren sich von Nüssen, Eicheln, Vogeleiern und Jungvögeln. Mit ihrem buschigen Schwanz halten sie bei ihren bis zu vier Meter weiten Sprüngen das Gleichgewicht. Ihre runden **Nester** werden Kobel genannt.

Eisbär, der

Eisbären gehören zu den größten **Raubtieren** der **Erde**. Sie kommen nur in der **Arktis** vor, wo sie als Einzelgänger leben und sich vor allem von **Robben** und **Fischen** ernähren. Im Herbst und Winter fressen sie sich eine dicke Fettschicht an, da sie im Sommer oft viele Monate lang nicht ausreichend Beute finden.

E

Eisenbahn, die

Eine Eisenbahn fährt auf Schienen. Sie befördert Gegenstände und Personen. Bahnfahrzeuge werden meist durch Diesel- oder Elektro**motoren** angetrieben. Im Fernverkehr sind schnelle Züge wie der ICE unterwegs. Er erreicht Geschwindigkeiten von über 300 km/h. Die erste Lokomotive wurde 1804 in England gebaut und mit Dampf betrieben.

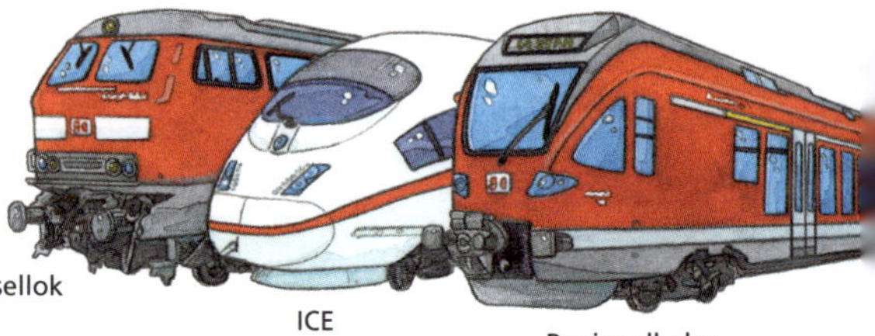

Diesellok

ICE

Regionalbahn

Eiszeit, die

Die **Erde** entstand vor etwa 4,6 Mrd. Jahren. Seitdem verändern sich die Landschaften, die **Lebewesen** und das **Klima** ständig. Immer wieder gab es Eiszeiten. Dann sank die **Temperatur** auf der Erde und große Teile wurden von Gletschereis bedeckt. In der vorletzten Eiszeit in **Europa** reichten die **Gletscher** bis in die Mitte **Deutschlands**. Die letzte Eiszeit ging vor etwa 15 000 Jahren zu Ende.

Elefant, der

Elefanten sind die größten Land**säugetiere** der **Erde**. Sie gehören zu den Rüsseltieren. Es gibt nur drei Arten: Afrikanische und Indische Elefanten sowie Waldelefanten, die auch in **Afrika** leben.

Afrikanischer Elefant

Ein Elefantenrüssel hat etwa 40 000 **Muskeln**. Er dient als **Nase**, Greifarm und zur Aufnahme von **Wasser**, das der Elefant sich dann ins Maul spritzt. Elefanten sind **Pflanzen**fresser.

Elektrizität, die

Es gibt kleinste Teilchen, aus denen Materie besteht, wir nennen sie **Atome**. Sie haben einen positiv geladenen Kern und eine negativ geladene Hülle. Die unterschiedlichen Ladungen ziehen einander an und halten das Atom zusammen. Wir nennen diese Kräfte auch elektrische Kräfte. Durch z. B. Reibung zweier Gegenstände aneinander können die geladenen Teilchen voneinander gelöst werden. Da diese Teilchen aber immer wieder an ihren eigentlichen Ort zurückwollen, entsteht Spannung. Diese Spannung können wir als elektrische **Energie** nutzen und in **Strom** umwandeln.

E-Mail, die

Der englische Begriff E-Mail bedeutet „elektronische Post". Damit ist die Übertragung von Mitteilungen in Form von Daten auf elektronischem Wege über das **Internet** gemeint – also etwa von einem **Computer** zu einem anderen. Das geht sehr schnell und Entfernungen spielen keine Rolle.

Energie, die

Energie ist nötig, um Arbeit zu verrichten – also um etwas zu verändern: einen Ball an eine andere Stelle zu rollen, eine Buchseite umzublättern, Wasser zu erhitzen ... Sie kommt in verschiedenen Formen vor, z. B. als Wärme, magnetische Energie, elektrische Energie oder mechanische Energie. Die Energieformen lassen sich ineinander umwandeln.

Entdeckung, die

Wenn ein **Mensch** etwas herausfindet oder aufspürt, was schon immer vorhanden, aber noch nicht bekannt war, hat er eine Entdeckung gemacht. In der Vergangenheit entdeckten Forschungsreisende auf langen Reisen neue Länder und Landschaften, Christoph Kolumbus z. B. im Jahre 1492 **Amerika**. Noch heute finden Wissenschaftler etwa in der **Tiefsee** oder in **Urwäldern** neue **Pflanzen**- und **Tier**arten. Und auch wenn Forscher die Gesetzmäßigkeiten der **Natur** entschlüsseln, sprechen wir von Entdeckungen: Dass die **Erde** eine Kugel und keine Scheibe ist, war eine Entdeckung, dass die Schwerkraft alles am Boden hält, eine andere.

Ente, die

Enten sind Schwimm**vögel**, die auf und am **Wasser** leben. Ihre Zehen sind mit Schwimmhäuten

Stockente mit Küken

verbunden. Damit sich ihr dichtes Gefieder nicht mit Wasser vollsaugt, streichen sie es immer wieder mit einem Öl ein, das sie in ihrer Bürzeldrüse produzieren. Männliche Enten heißen Erpel. Meist ist ihr Gefieder auffälliger als das der Weibchen.

Entzündung, die

Tritt durch eine Wunde Schmutz ein, wehrt sich der **Körper**, indem sich an der Stelle viele weiße **Blut-**körperchen sammeln und die Erreger bekämpfen. Dadurch wird die **Haut** rot, die Stelle dick und empfindlich – sie ist entzündet.

Erdatmosphäre, die

Die Erdatmosphäre besteht aus mehreren **Gas**schichten, die die **Erde** wie ein schützender Mantel umgeben.

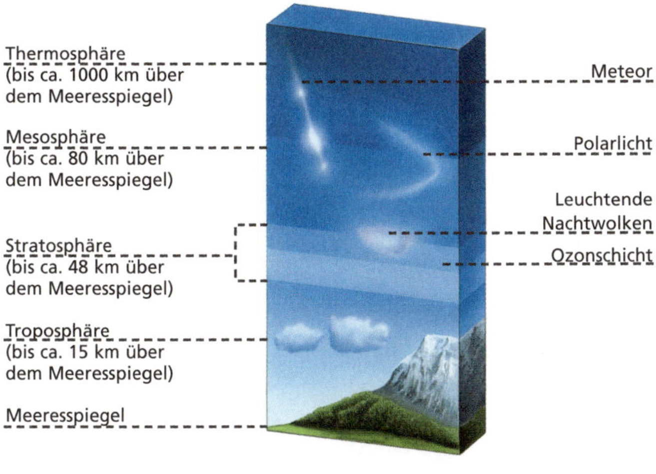

Sie schützt uns vor schädlicher Strahlung, vor großer Hitze am **Tag** und vor bitterer Kälte in der **Nacht**. Außerdem ist in der Atmosphäre genügend lebenswichtiger **Sauerstoff** enthalten. Das **Wetter** spielt sich in der untersten Schicht, der Troposphäre, ab.

Erdbeben, das

Erdbeben sind Erschütterungen des Erdbodens. Die Erdoberfläche besteht aus großen einzelnen Platten, die wir **Kontinent**alplatten nennen. Diese sind nicht starr. Durch Veränderungen in dem darunterliegenden Erdmantel kann es zu Spannungen und leichten Verschiebungen der Erdkruste kommen. Dann reiben z. B. zwei Platten aneinander und ein Erdbeben entsteht. Die Stelle der Erdoberfläche, die über dem Erschütterungsgebiet liegt, heißt Epizentrum.

Erde, die

Die Erde ist ein **Planet**. Sie entstand vor etwa 4,6 Mrd. Jahren. Die Erde braucht ein **Jahr** für einen Umlauf um die **Sonne**.

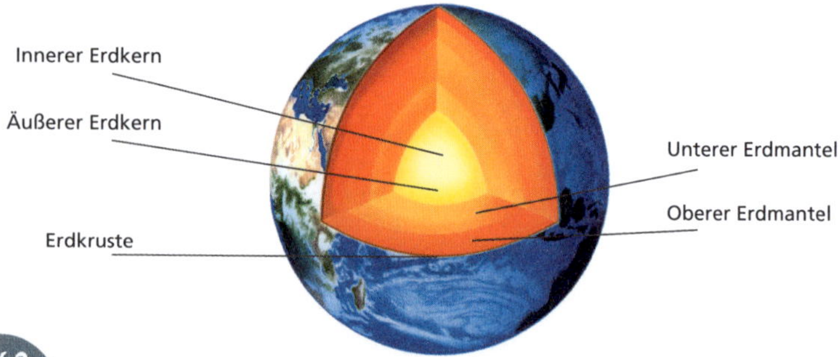

Außerdem dreht sich die Erde in 24 Stunden einmal um die eigene Achse. Dadurch entsteht der Wechsel von **Tag und Nacht**. Die Erde besteht aus einem Erdkern, dem Erdmantel und der Erdkruste.
Vom Mittelpunkt der Erde bis zur Oberfläche sind es etwa 6370 km. Der Umfang der Erde beträgt ungefähr 40 000 km. Mehr als 70 % der Erdoberfläche sind mit **Wasser** bedeckt. Die Landflächen bezeichnen wir als **Kontinente**. Soweit wir heute wissen, ist die Erde der einzige Planet, auf dem es **Lebewesen** gibt.

Erdgas, das

Erdgas ist ein brennbares Naturgas, das unter der Erdkruste lagert. Seine Entstehung dauert viele Millionen Jahre. Wir fördern es, um es als Brennstoff zu nutzen, etwa zum Heizen. Da die Vorräte schrumpfen, brauchen wir in Zukunft andere **Energie**quellen.

Ölbohrinsel

Erdöl, das

Erdöl lagert tief in der **Erde**. Es entstand an den Stellen, an denen vor vielen Millionen Jahren tote **Pflanzen** und **Tiere** von Schlammschichten luftdicht überlagert wurden. Erdöl ist für uns ein **Energie**lieferant. Wir nutzen es zum Heizen, als Kraftstoff, z. B. als Benzin, und zur Herstellung vieler Kunststoffe, die wir für Tüten, Becher, manche Kleidungsstücke oder Spielsachen verwenden. In Saudi-Arabien, Russland, den USA und vielen anderen Ländern wird Erdöl gefördert. Ebenso wie **Erdgas** ist der Erdölvorrat begrenzt.

Erdteil, der

➡ Siehe auch: **Kontinente**

Ernährung, die

Alle **Lebewesen** brauchen Nahrung zum Überleben. Ohne Essen und Trinken könnten wir nicht wachsen, wir hätten keine **Energie**, um uns zu bewegen und um die Körpertemperatur zu halten. In unserer Nahrung sind **Nährstoffe**, z. B. Eiweiße, Fette, Kohlenhydrate, **Vitamine** und Mineralstoffe enthalten. Eine gesunde, abwechslungsreiche Ernährung ist wichtig, damit wir keine Mangelerscheinungen oder Gewichtsprobleme bekommen.

Erneuerbare Energie, die

Um zum Beispiel Heizungswärme und **Strom** zu produzieren, müssen wir sehr viel **Energie** gewinnen. **Erdöl**, **Erdgas** und Kernspaltung (➡ **Kernenergie**) gehören zu den wichtigsten Energielieferanten. Besser für die **Umwelt** ist jedoch die Nutzung von erneuerbaren Energien – also Energiequellen, die nicht irgendwann ausgebeutet sind. Zu diesen gehören u.a. Sonnenenergie, Wasserkraft und Windenergie.

Solarzellen auf dem Dach

Erste Hilfe

Wenn ein **Mensch** verletzt wird oder plötzlich erkrankt, braucht er sofort Hilfe. Jeder, der in der Nähe ist, muss Erste Hilfe leisten. Über die Notrufnummer 112 kann ein Rettungswagen angefordert werden. Bis dieser eintrifft, wird der Kranke vor Ort versorgt. In Erste-Hilfe-Kursen kann man lernen, wie man sich im Notfall richtig verhält.

Wenn ein Kind beobachtet, dass jemandem Hilfe braucht, sollte es, wenn möglich schnell, einem Erwachsenen Bescheid sagen oder die Telefonnummer 112 wählen. Dann sagt man dem Helfer, was passiert ist und wo es passiert ist, und der Rettungswagen kommt schnellstmöglich.

Eule, die

Es gibt weltweit etwa 180 Eulenarten, 13 davon kommen in **Europa** vor. Meist leben sie im **Wald**. In der Dämmerung und in der Nacht gehen sie auf Jagd. Ihre Beutetiere sind vor allem **Mäuse**, **Insekten** und kleine **Vögel**. Eulen haben ein sehr feines Gehör und können in der Dunkelheit gut sehen. Ihre **Augen** sind nicht beweglich, dafür können sie den Kopf sehr weit nach hinten drehen.

Europa

Der zweitkleinste **Kontinent** der **Erde** ist Europa. Europa ist dicht besiedelt, etwa 743 Mio. Einwohner leben in den rund 46 Ländern. Im Osten grenzt Europa direkt an **Asien**. Viele Länder Europas sind wohlhabende Industrienationen, dazu gehören Frankreich, Großbritannien und **Deutschland**. Das **Klima** ist größtenteils gemäßigt. Trotzdem gibt es große Unterschiede: Im Norden ist es oft kalt und arktisch, in Südeuropa sind die Sommer heiß und die Winter mild. Zahlreiche Länder Europas haben sich in der **Europäischen Union**, der EU, zusammengeschlossen.

➡ Siehe auch: **Weltkarte**, Seite 282/283

Europäische Union (EU), die

Im Jahre 1993 schlossen sich einige europäische Länder zu einer Gemeinschaft (Union) zusammen, um gemeinsame **wirtschaft**liche und **politische** Interessen zu verfolgen. Zu den Zielen dieser Zusammenarbeit gehören z. B. die Vereinfachung des **Handel**s, eine gemeinsame Außen**politik**, Regeln für den **Umwelt**schutz und Sicherheit, **Frieden** und Chancengleichheit für die Menschen. In 19 Ländern wird mit der gemeinsamen Währung Euro gezahlt. Zurzeit sind 27 Länder (in denen insgesamt etwa 440 Mio. Einwohner leben) Mitglied in der EU. Das Vereinigte Königreich gehörte jahrelang dazu, ist aber ausgetreten. Andere Länder wie Serbien und Mazedonien haben Anträge gestellt, der EU beizutreten.

Evolution, die

Tiere und **Pflanzen** besiedeln die **Erde** schon seit Millionen von Jahren. Aber die meisten Arten, die heute leben, gab es früher so nicht – sie haben sich aus Vorfahren weiterentwickelt. Ein Beispiel: Früher hatten Giraffen kürzere Hälse. Eine Giraffe, die damals zufälligerweise einen etwas längeren Hals hatte, kam durch diesen Vorteil an besseres Futter heran. Dadurch lebte sie länger und bekam viele Nachkommen, von denen einige den langen Hals erbten. Nach und nach setzte sich der lange Hals immer mehr durch. Die Weiterentwicklung über einen langen Zeitraum, die dazu dient, dass sich eine Art besser an die **Umwelt** anpasst, nennt man Evolution.

Experiment, das

Ein Experiment ist ein Versuch, mit dem man etwas herausfinden will. Z. B könnte ein Forscher die Antwort auf die Frage suchen: Welche Dinge schwimmen auf dem **Wasser** und welche nicht? Dazu wirft er verschiedene Gegenstände (Stein, Korken, Knetgummi, …) in einen mit Wasser gefüllten Eimer und beobachtet, was passiert. Die Beobachtungen werden in Ergebnisse und Schlussfolgerungen umgesetzt. In der **Wissenschaft** sind Experimente sehr wichtig, um etwas zu erkennen oder zu verstehen.

Fabel, die

Eine Fabel ist eine lehrreiche Geschichte, in der **Tiere** die Hauptfiguren sind. Sie können sprechen und verhalten sich wie **Menschen**.

Fahrrad, das

Ein Fahrrad fährt durch **Muskel**kraft: Der Fahrer tritt in die Pedale und bewegt dadurch eine Kette, über die das Hinterrad angetrieben wird. Das erste Zweirad, ein Laufrad aus Holz, wurde 1817 von dem deutschen Erfinder Karl Drais gebaut. Er nannte es Draisine. Bis etwa 1880 dauerte es, bis das Fahrrad mit Kettenantrieb, so wie wir es heute kennen, entwickelt war.

1 Lenker
2 Scheinwerfer
3 Bremse vorn
4 Speichenreflektor
5 Felge
6 Speiche
7 Kette
8 Schaltwerk
9 Schlussleuchte
10 Dynamo
11 Rahmen

F

Fairness

Der Begriff Fairness wurde ursprünglich im **Sport** verwendet. Jeder Sportler muss sich an die Regeln seiner Sportart halten. Und er sollte sich den anderen Sportlern gegenüber respektvoll verhalten, ehrlich sein und auch verlieren können – dann ist er fair. Fairness ist also ein Verhalten, das auf einer inneren Überzeugung beruht.

Fake News, die

Fake News (sprich: fäik njuus) sind Unwahrheiten, die wie echte Nachrichten klingen und absichtlich in den **Medien** verbreitet werden. Die Gründe für die Verbreitung dieser Falschinformationen können unterschiedlich sein. Vielleicht soll dadurch einer Person oder Gruppe geschadet werden. Oder die Fake News sollen die Meinung der Leser beeinflussen, etwa vor Wahlen. Besonders häufig sind Fake News im **Internet** zu finden, weil die Verbreitung dort besonders einfach und wirkungsvoll ist.

Falkner

Falke, der

Falken sind **Greifvögel**. Bei uns kommt der Turmfalke häufig vor. Wenn er auf Beutefang ist, kann er sich an einer Stelle in der

Luft halten – wir nennen das Rütteln. Von dort stürzt er sich auf das Beutetier, meist eine **Maus**, ein kleiner **Vogel** oder **Insekten**. Falken werden schon seit dem **Mittelalter** für die Jagd eingesetzt.

Familie, die

Zu einer Familie gehören meist Eltern, Kinder, Geschwister, Großeltern und vielleicht noch weitere Verwandte. Jede Familie ist einzigartig, es sind viele Lebensformen möglich.
Wichtige Aufgaben in einer Familie sind die Sicherung der Grundbedürfnisse wie Wohnen und Essen, Liebe und Geborgenheit, Erziehung, Schutz und Fürsorge.

Farbe, die

Wenn **Licht**wellen auf einen Gegenstand treffen, nimmt dieser Teile der Lichtwellen auf, andere wirft er zurück. Eine Tomate wirft z. B. nur die roten Lichtwellen zurück. Die zurückgeworfenen Lichtwellen gelangen in unsere **Augen** und wir sehen die rote Farbe. Schwarze Gegenstände nehmen alle Farbwellen auf, weiße werfen alle zurück. Nur bei Licht können wir also Farben erkennen.

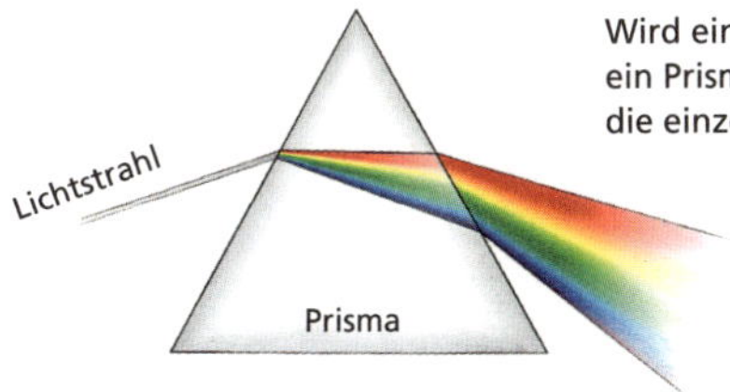

Wird ein weißer Lichtstrahl durch ein Prisma geleitet, teilt er sich in die einzelnen Farben auf.

Farn, der

Farne gibt es schon seit etwa 400 Millionen Jahren auf der **Erde**. Sie gehörten zu den ersten Land**pflanzen**. Heute kennen wir rund 12 000 Arten weltweit. Sie wachsen an schattigen, feuchten Plätzen. Farne haben weder **Blüten** noch **Samen**, sondern Sporen, mit denen sie sich fortpflanzen.

Fauna, die

Fauna ist die wissenschaftliche Bezeichnung für die **Tier**welt.

Feder, die

Federn bieten **Vögeln** Schutz vor Kälte und Nässe. Wie unsere **Haare** bestehen sie aus Horn. Mit Hilfe der Schwungfedern an den Flügeln können die meisten Vogelarten fliegen. Die Gesamtheit der Federn eines Vogels nennen wir Gefieder. Die Zeit, in der die Vögel die Federn wechseln, heißt Mauser.

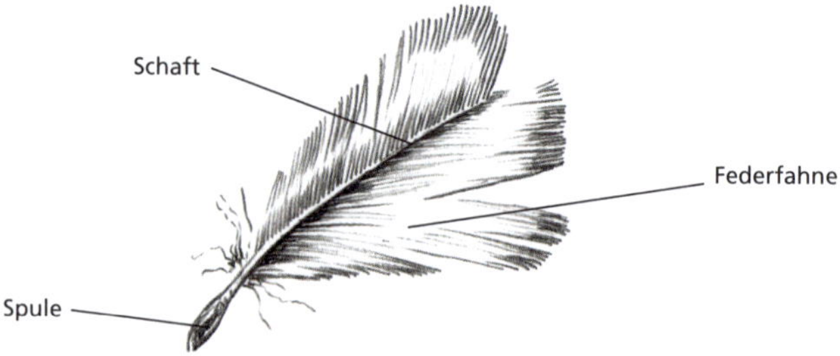

Fell, das

Die stark behaarte **Haut** von **Säugetieren** nennen wir Fell. Es schützt sie vor Kälte und Nässe. Manche **Tiere** haben im Winter ein dichteres, z. T. auch anders gefärbtes Fell als im Sommer, z. B. die Schneehasen.

Feuer, das

Wenn brennbares Material wie Holz oder Papier entzündet wird und genügend **Sauerstoff** aus der **Luft** vorhanden ist, entsteht ein Feuer. Die Verbrennung setzt **Licht**- und Wärme**energie** frei – das sehen wir an den Flammen und spüren es an der Hitze.

Feuerwehr, die

Feuerwehrleute retten, helfen und schützen. Bei Bränden, Unfällen, Überschwemmungen und anderen Notsituationen kommen sie mit Rettungswagen, Löschfahrzeugen oder Drehleitern zum Einsatzort. Viele Feuerwehrleute sind bei der Freiwilligen Feuerwehr, größere Städte und Betriebe haben eine Berufsfeuerwehr. Die Notruf-Telefonnummer ist 112.

F

Fieber, das

Die normale Körper**temperatur** eines **Menschen** liegt bei etwa 36,5 °C. Liegt sie über 38 °C, spricht man von **Fieber**. Meist ist es ein Anzeichen für eine Erkrankung. Der Körper wehrt sich auf diese Weise gegen **Krankheit**serreger, denn einige von ihnen ertragen die höheren Temperaturen nicht. Außerdem werden **Zellen**, die für die Körperabwehr wichtig sind, bei Temperaturen ab 38 °C aktiver. Ab 42 °C besteht für den Menschen Lebensgefahr.

Fingerabdruck, der

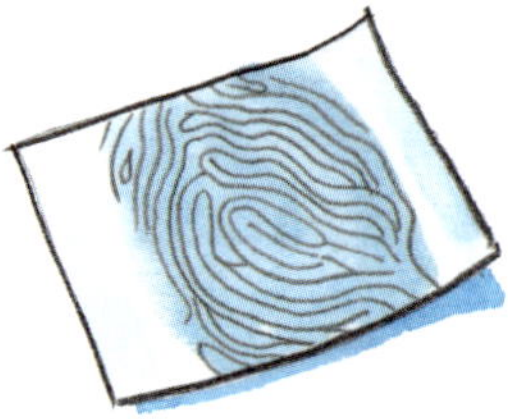

Auf jeder Fingerkuppe befinden sich kleine Rillen in der **Haut**. Diese Rillen heißen Papillarlinien. Ihre Anordnung ist bei jedem **Menschen** einzigartig. Berührt jemand mit dem Finger eine glatte Oberfläche, hinterlässt er dort durch den Schweiß und das Hautfett einen Fingerabdruck. Die **Polizei** nutzt diese Tatsache für Ermittlungen: Sie sucht an einem Tatort nach Fingerabdrücken, die sie dann mit denen von Verdächtigen vergleicht. Fingerabdrücke werden inzwischen auch genutzt, um z. B. Smartphones zu entsperren.

Fisch, der

Fische sind im **Wasser** lebende wechselwarme **Tiere**. In allen **Meeren** und **Flüssen** der Welt kommen sie in großer Artenvielfalt vor.

Bachforelle

Je nach Lebensraum sprechen wir von Salzwasserfischen und Süßwasserfischen. Fische können den im Wasser gelösten **Sauerstoff** durch Kiemen aufnehmen. Sie bewegen sich meist mit Hilfe der Schwanzflosse fort, die Bauch-, Rücken- und Brustflossen dienen der Steuerung und dem Halten des Gleichgewichts. Fische legen **Eier**, den **Laich**. **Wale** sind keine Fische, sondern **Säugetiere**.

Flaschenzug, der

Ein Flaschenzug vereinfacht das Heben schwerer Lasten. Die Last hängt an einem Seil, das über eine lose und eine feste Rolle läuft. Zieht man nun an dem freien Ende des Seils, um die Last zu heben, braucht man nur die halbe Kraft, denn diese verteilt sich auf die beiden tragenden Seile.
Schon vor 3000 Jahren wurden Flaschenzüge eingesetzt und auch heute noch nutzen wir sie auf jeder Baustelle.

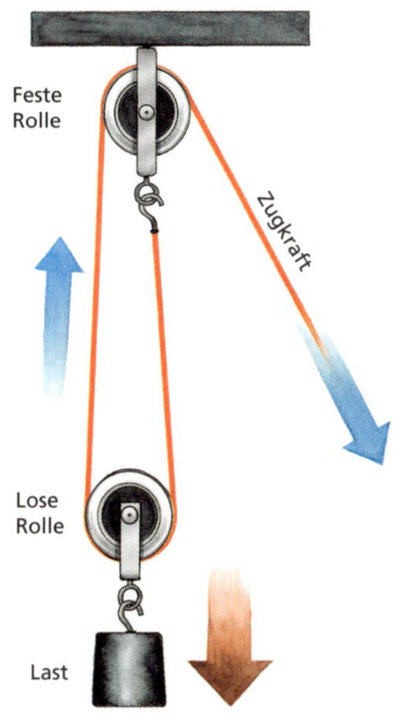

Fledermaus, die

Fledermäuse und Flughunde sind die einzigen **Säugetiere**, die fliegen können. Zwischen ihren langen Finger**knochen** spannt sich eine dünne Flughaut, die bis zu den Beinen und zum Schwanz reicht. Fledermäuse sind nachtaktiv. Sie fressen vor allem **Insekten**, die sie durch **Echo**ortung finden: Sie stoßen ständig sehr hohe Töne aus, die für uns nicht hörbar sind. Treffen die **Schall**wellen dieser Töne auf Hindernisse, etwa **Bäume** oder auch Beutetiere, prallen sie ab und werden zurückgeworfen. Durch das Echo orientiert sich die Fledermaus. Fledermäuse schlafen an den Füßen hängend in Höhlen oder auf Dachböden. Im Winter halten sie **Winterschlaf**.

Fliege, die

Fliegen gehören zu den **Insekten**. Sie haben große Facetten**augen**, die jeweils aus sehr vielen Einzelaugen zusammengesetzt sind. Aus den **Eiern** der Fliegen schlüpfen die **Larven**, Maden genannt, die sich dann zu Puppen entwickeln. Nach etwa 10 Tagen sind die **Tiere** ausgewachsen. Die Lebensdauer einer erwachsenen Fliege beträgt meist nur wenige Tage oder Wochen. Oft sitzt sie auf Abfällen oder tierischen Ausscheidungen, wo sie ihre Nahrung findet.

Fliehkraft, die

Wird ein mit **Wasser** gefüllter Eimer schnell im Kreis geschleudert, bleibt das Wasser im Eimer, auch wenn der Eimer auf dem Kopf steht. Durch das Schleudern werden Wasser und Eimer nach außen gedrückt. Fährst du in einem Kettenkarussell, spürst du diese Fliehkraft – sie drückt dich nach außen.

Floh, der

Ein Floh ist ein sehr kleines, flügelloses **Insekt**. Mit seinen kräftigen Hinterbeinen kann er weit springen. Flöhe saugen **Blut** von **Tieren** oder **Menschen**. Durch einen Stoff, den sie dabei absondern, entsteht ein starker Juckreiz an der Einstichstelle.

Flora, die

Flora ist die **wissenschaftliche** Bezeichnung für die **Pflanzen**welt.

Flüchtling, **Geflüchteter**, der

Ein **Mensch**, der sein Heimatland verlässt, weil er dort wegen seiner politischen Meinung, seines Glaubens oder seiner Herkunft verfolgt wird und nicht sicher leben kann, ist ein Flüchtling (oder auch: Geflüchteter). Eine Flucht kann sehr lang und gefährlich sein. Ein Flüchtling hat das Recht, in einem anderen Land Schutz zu suchen und erst mal zu erhalten. Viele nach **Europa** geflüchtete Menschen beantragen in dem neuen Land **Asyl**, damit sie bleiben dürfen. Die meisten Flüchtlinge in **Deutschland** kommen aus Syrien oder dem Iran.

Flughafen, der

An einem Flughafen starten und landen **Flugzeuge**, die **Menschen** oder Waren befördern. Ein Flughafen hat Start- und Landebahnen. Im Kontrollturm, dem Tower, arbeiten die Fluglotsen. Sie entscheiden,

welches Flugzeug wann und wo sicher starten oder landen kann. Im Flughafengebäude (Terminal) geben die Fluggäste das Gepäck auf und checken ein. Im Hangar werden die Flugzeuge überprüft und repariert.

Flugzeug, das

Ein Flugzeug ist ein Luftfahrzeug. Zum Fliegen braucht es Auftrieb. Der entsteht, wenn das Flugzeug auf der Startbahn immer schneller wird. Dann strömt die Luft an den Tragflächen entlang. Auf der Oberseite ist die Wölbung stärker, die Luft hat einen weiteren Weg als auf der Unterseite. Dadurch entsteht oben ein Unterdruck, der den Flügel – und schließlich das ganze Flugzeug – nach oben saugt.

Fluss, der

Ein Fluss ist ein fließendes natürliches Gewässer. Ursprung des Flusses ist eine **Quelle**, die meist im **Gebirge** liegt. Der Fluss und seine Ufer sind Lebensraum vieler **Tiere** und **Pflanzen**. Schon immer siedelten **Menschen** gern an Flüssen, da sie dort immer genügend **Wasser** hatten und ihre Waren auf **Schiffen** transportieren konnten.

Flut, die

➡ Siehe auch: **Ebbe und Flut**

Fortpflanzung, die

Alle **Lebewesen** pflanzen sich fort – das heißt, sie zeugen Nachkommen, denn nur dann kann eine Art erhalten bleiben. Meist geschieht das, indem ein **Ei** und eine **Samenzelle** miteinander verschmelzen. Bei **Vögeln**, **Reptilien** und **Säugetieren** (dazu gehören auch die **Menschen**) geschieht das innerhalb des weiblichen Körpers. Weibliche **Fische** und **Amphibien** legen ihre Eier im Wasser ab, die dann von den Männchen befruchtet werden. **Bakterien** vermehren sich durch Teilung – aus einer Zelle werden zwei. Bei vielen **Blüten**pflanzen bestäuben der Wind oder z. B. **Bienen** das weibliche Blütenteil, den Stempel, mit den männlichen Pollen. (➡ **Befruchtung**)

Fossil, das

Fossilien sind mindestens 10 000 Jahre alte versteinerte Überreste von **Tieren** und **Pflanzen**. Normalerweise zerfallen tote **Körper** mit der **Zeit**. Wenn sie aber nicht mit **Sauerstoff** in Berührung kommen, z. B. weil sie von Schlamm verschüttet werden, kann es passieren, dass sie nicht verwesen, sondern versteinern.

Frau, die

Eine Frau ist eine weibliche Erwachsene. Äußerliche körperliche Merkmale sind Scheide und Brüste, im Körperinneren liegen die Gebärmutter, **Eier**stöcke und Eileiter. Frauen können Kinder bekommen und sie mit Muttermilch ernähren.

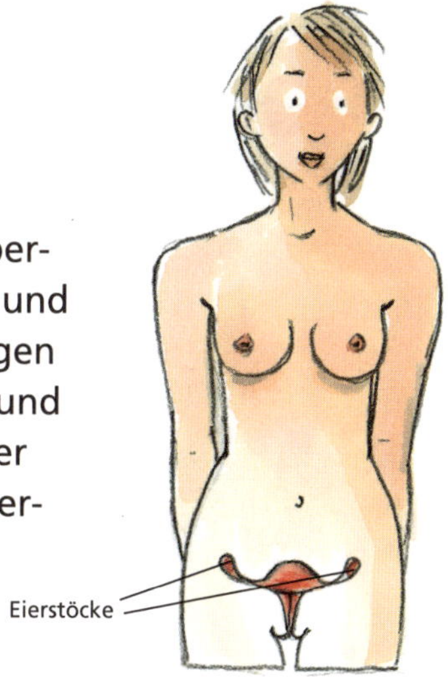

Freiheit, die

Wer in Freiheit lebt, kann weitgehend selbst über sein Leben bestimmen. Freiheit ist nur im Rahmen der gültigen **Gesetze** und mit Rücksichtnahme auf andere **Menschen** möglich, denn alle anderen möchten auch frei sein.

F

Frieden, der

Einzelne **Menschen**, Gruppen oder Länder leben friedlich miteinander, wenn sie weitgehend ungestört leben können und Konflikte gewaltfrei lösen. Das Gegenteil von Frieden zwischen den Staaten ist **Krieg**, im Umgang der einzelnen Menschen miteinander ist es Streit.

Frosch, der

Frösche gehören zu den **Amphibien**. Mit ihrer langen **Zunge** fangen sie **Insekten**. Sie legen ihre **Eier**, den **Laich**, im Wasser ab. Aus ihnen schlüpfen die Kaulquappen, die mit Kiemen atmen. Innerhalb weniger Wochen entwickeln diese sich zu erwachsenen Fröschen. Die Kiemen haben sich zurückgebildet, die Frösche atmen mit **Lungen**.

Frucht, die

Die Frucht ist der Teil einer **Pflanze**, der die **Samen** enthält. Sie dient der Fortpflanzung der Pflanze. Die Frucht entwickelt sich aus der **Blüte**.

Früchte können sehr unterschiedlich aussehen, zu ihnen gehören z. B. Nüsse, Äpfel, Erbsen oder Kastanien. Wir verwenden den Begriff **Obst** in unserem Alltag für die saftigen, essbaren Früchte.

Fuchs, der

Füchse sind **Raubtiere**, sie jagen **Mäuse**, **Kaninchen** und **Vögel**, fressen aber auch **Früchte** und **Aas**. **Wälder**, Äcker und andere dünn besiedelte Gebiete gehören zu ihren Lebensräumen. Füchse gehen in der Dämmerung und bei Nacht auf die Jagd, am Tage schlafen sie meist in ihrem unterirdischen Bau. Füchse können **Tollwut**, eine gefährliche Krankheit, übertragen. Sie sind mit den **Hunden** verwandt.

Fußball, der

Fußball ist eine Ballsportart, bei der zwei Mannschaften mit je elf Spielern versuchen, den Ball möglichst oft in das gegnerische Tor zu schießen. Die Spieler dürfen den Ball nicht mit den Händen oder Armen berühren – Ausnahme ist der Torwart, der den Ball im eigenen Strafraum in die Hand nehmen darf. Ein Spiel dauert zweimal 45 Minuten. Es wird vom Schiedsrichter und seinen Assistenten geleitet, sie greifen ein, wenn ein Spieler gegen die Regeln verstößt.

Galaxie, die

Eine Galaxie ist eine Ansammlung von Millionen oder Milliarden von **Sternen**, die durch ihre Anziehungskraft aneinandergebunden sind. Unsere Galaxie nennen wir Milchstraße. Wie viele Galaxien es im **Weltall** gibt, wissen wir nicht. Unsere Nachbargalaxie heißt Andromedanebel.

Milchstraße

Gans, die

Gänse sind **Zugvögel**. Im Herbst und im Frühjahr kannst du beobachten, wie sie in Keilformation ihrem Ziel entgegenfliegen.
Den Winter verbringen sie im Süden, im Frühjahr kehren sie nach Norden zurück, um zu brüten und die Jungen großzuziehen. Es gibt etwa zwölf Wildgansarten in **Europa**, die bekannteste ist die Graugans.

Gas, das

Alle Stoffe, egal ob fest, flüssig oder gasförmig, bestehen aus kleinsten Teilchen, den **Atomen** oder Molekülen. Bei einem Gas sind diese Teilchen ohne Zusammenhalt und streben sogar auseinander. Sie breiten sich in dem verfügbaren Raum aus, können aber im Gegensatz zu festen und flüssigen Stoffen zusammengepresst werden. Manche Stoffe, z. B. **Wasser**, können flüssig, fest oder gasförmig vorkommen. **Luft** ist eine Mischung aus verschiedenen Gasen.

Gebärdensprache, die

➡ Siehe **Gehörlosigkeit**

Gehörlosigkeit, die

Menschen die nur noch sehr wenig oder gar nichts mehr hören können, sind gehörlos. Manche von ihnen sind gehörlos zur Welt gekommen, bei anderen führte ein Unfall oder eine **Krankheit** zum Verlust des Gehörs. Viele Gehörlose beherrschen die Gebärdensprache, sie unterhalten sich mit Handzeichen und Gesten. Manchmal kann ein Gehörloser mit einem Hörgerät einige Geräusche wahrnehmen. Da sich ein Gehörloser nicht selbst hören kann, ist das Sprechen für ihn meist schwierig. Manche verstehen sprechende Menschen, weil sie von den Lippen lesen können.

Gebirge, das

Eine zusammenhängende Gruppe von Bergen nennen wir Gebirge. Sie entstanden vor Jahrmillionen, häufig durch die Verschiebung der Erdkruste: Wenn Kontinentalplatten aufeinanderstoßen, wird die Erdoberfläche unter großem Druck nach oben geschoben.
Wir nennen diese Gebirge Faltengebirge. Die **Alpen** oder das Himalaja-Gebirge gehören dazu. Andere Gebirge, etwa der Vogelsberg in Hessen, entstanden durch Vulkanausbrüche. Der höchste Berg der Welt ist mit 8848 m der Mount Everest.

Geburt, die

In der Gebärmutter einer **Frau** wächst ein Kind heran. Nach etwa neun Monaten ist es so weit entwickelt, dass es auch außerhalb des Mutterleibes überleben kann. Die Geburt beginnt: Die Fruchtblase, in der das Kind liegt, platzt. Durch **Muskel**bewegungen der Gebärmutter, die Wehen, wird es nach und nach durch den Geburtskanal, die Scheide der Mutter, geschoben. Zuerst kommt der Kopf heraus.

Wenn das Kind auf der Welt ist, wird die Nabelschnur durchtrennt. Durch sie wurde das Kind im Mutterleib mit **Nährstoffen** und **Sauerstoff** versorgt. Von nun an wird es durch den Mund Nahrung aufnehmen und selbstständig atmen. Das Kind ist geboren.

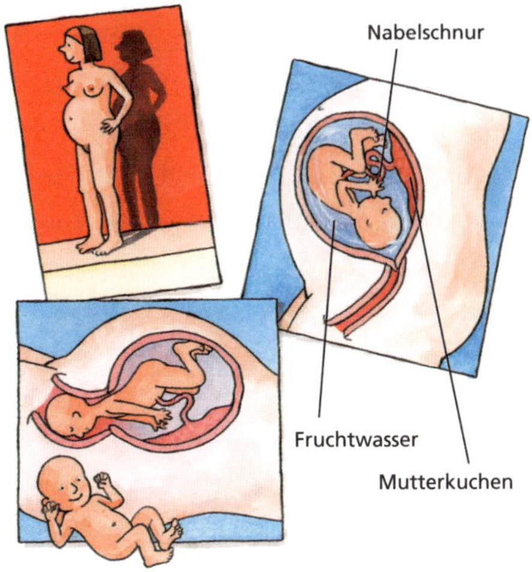

Gecko, der

Geckos sind die artenreichste **Familie** der **Reptilien**. Die über 700 bekannten Arten leben in den warmen Gebieten der ganzen Welt. Sie werden zwischen 3 und 35 cm lang. Viele Arten haben breite Zehenspitzen und Millionen feinster **Haare** an den Fußsohlen, die eine sehr gute Haftung an glatten Oberflächen ermöglichen. Darum können sie sogar an der Decke laufen. Geckos ernähren sich vor allem von **Insekten**.

Gedächtnis, das

Durch unsere **Sinnesorgane** nehmen wir **Informationen** auf, die unser **Nerven**system speichert. Die Zentrale unseres Nervensystems ist das **Gehirn**. Die gespeicherten Informationen können wir wieder abrufen – dann erinnern wir uns daran. Allerdings unterschiedlich lange: Dinge, die wir nach spätestens zwei Stunden wieder vergessen haben, waren nur im Kurzzeitgedächtnis. Können wir uns an etwas länger erinnern, ist es im Langzeitgedächtnis gelandet.

Gedicht, das

In einem Gedicht werden die Wörter in besonderer Weise verwendet: Es hat Zeilen, Verse und Strophen. Meist reimen sich die letzten Wörter der Zeilen. Der Klang und die Betonung der Wörter und der **Rhythmus** der **Sprache** spielen eine wichtige Rolle. Oft wird mit wenigen Worten viel erzählt. Gedichte gibt es schon seit Jahrtausenden.

Gefängnis, das

Wenn jemand gegen ein **Gesetz** verstößt und erwischt wird, entscheidet ein Gericht, welche Strafe er bekommt. Verhängt der Richter eine Freiheitsstrafe, muss der Verurteilte in ein Gefängnis. Dann verbringt er eine bestimmte **Zeit** in einem gesicherten Gebäude. Er darf seine Zelle nur verlassen, wenn es ihm erlaubt wird, muss Gefängniskleidung tragen und bekommt nur selten Besuch. Das offizielle Wort für Gefängnis ist Justizvollzugsanstalt.

Gefieder, das

➡ Siehe auch: **Feder**

Gehirn, das

Das Gehirn befindet sich im Kopf. Es ist das Steuerungs- und Kontrollzentrum für unseren **Körper**. Über **Nerven** und das Rückenmark ist es mit allen Teilen unseres Körpers verbunden. Das Gehirn besteht aus mehreren Bereichen, die unterschiedliche Aufgaben übernehmen. Denken, riechen, schmecken, hören, atmen, bewegen, fühlen, träumen, sprechen, lernen – all das und noch mehr regelt das Gehirn. Es verarbeitet unsere **Sinne**seindrücke und gibt Befehle – so können wir auf unsere **Umwelt** reagieren.

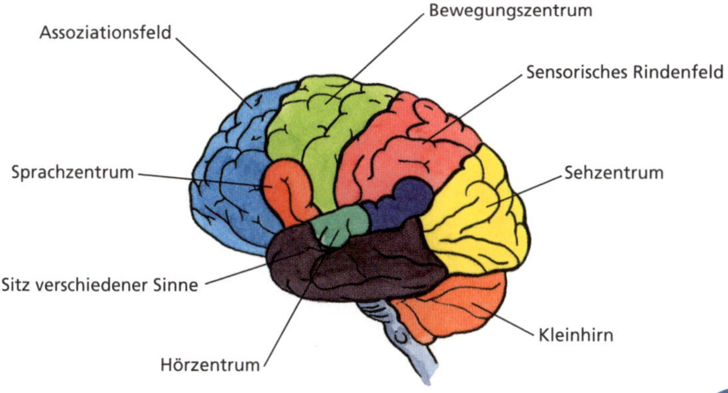

G

Geier, der

Geier gehören zu den **Greifvögeln**. Sie ernähren sich von **Aas**. An Kopf und Hals sind sie nackt, darum können sie den Kopf weit in das Aas hineinstecken, ohne dass Nahrungsreste an ihren **Federn** hängen bleiben. Geier kommen in den **Steppen**, **Wüsten** und **Gebirgen** aller **Kontinente** vor, nur nicht in **Australien** und der **Antarktis**. Mit einer Flügelspannweite von über drei Meter ist der Andenkondor der größte Geier der Welt.

Andenkondor

Geld, das

Geld ist ein Zahlungsmittel, das wir gegen Waren oder Dienstleistungen eintauschen. Münzen und Banknoten bezeichnen wir als Bargeld. Heute wird häufig mit Kreditkarten oder EC-Karten bezahlt. Dann wird der zu zahlende Betrag vom Bankkonto des Kartenbesitzers abgebucht. Bevor es Geld gab, wurden Waren direkt gegeneinander getauscht. Jeder **Staat** hat eine Landeswährung. In **Europa** haben sich viele Länder für eine gemeinsame Währung entschieden, den Euro.

Gemüse, das

Essbare **Pflanzen** unterteilen wir in **Obst**, **Getreide** und Gemüse. Zu den Gemüsesorten gehören verschiedene Pflanzenteile: Möhren und Radieschen sind **Wurzeln**, Salat und Spinat sind **Blätter**, Erbsen sind **Samen**, Tomaten und Gurken sind **Früchte**. Gemüse gehört zu einer gesunden Ernährung dazu, es enthält Vitamine und Mineralstoffe.

Tomaten

Gen, das

In manchen Merkmalen ähneln Kinder ihren Eltern. Das kann die **Augen**farbe, die Form der **Ohren** oder ganz etwas anderes sein.
Alle Merkmale eines **Lebewesens** sind als Informationen auf seinen Genen (den Erbanlagen) gespeichert. Sie befinden sich im Zellkern jeder **Zelle** des **Körpers**. Bei der **Befruchtung** verschmelzen die Erbanlagen beider Eltern und vermischen sich. Aus der befruchteten **Ei**zelle entwickelt sich das Kind. Es trägt die Gene der Eltern in sich.

➡ Siehe auch: **Vererbung**

Gepard, der

Geparde sind in der afrikanischen **Steppe** und **Savanne** lebende **Säugetiere**. Bei der Jagd auf Beutetiere, vor allem Gazellen, erreichen sie kurzzeitig Geschwindigkeiten von über 110 Kilometern in der Stunde.

Germanen, die

Etwa 80 v. Chr. taucht der Begriff der „Germanen" erstmals schriftlich auf. Im Gebiet des heutigen Nord- und Mittel**europas** lebten damals viele verschiedene Volksstämme, die von anderen Völkern, z. B. den **Römern**, als „Germanen" bezeichnet wurden, sich selbst aber nie so nannten. Zu diesen Völkern gehörten u.a. Friesen, Sweben, Vandalen und Cherusker. Viele dieser Völker waren verfeindet und nur selten schlossen sie sich zu großen Gruppen zusammen, um etwa gegen die Römer zu kämpfen. Meist lebten die Familien in Holzhäusern in kleinen Siedlungen und betrieben Acker- und Viehwirtschaft. Könige gab es in den ersten Jahrhunderten nicht, die Anführer wurden von den Männern des Stammes gewählt.

Geschichte, die

Wie war es früher? Wie lebten die **Menschen**, wie handelten sie, was ist damals passiert? Mit diesen Themen beschäftigt sich die Geschichte. Um das herauszufinden, untersuchen Forscher u.a. alte Schriftstücke oder Werkzeuge und Ruinen, die sie bei Ausgrabungen finden. **Antike** und **Mittelalter** sind z. B. zeitliche Abschnitte in der Geschichte.

Gesellschaft, die

Eine Gesellschaft besteht aus **Menschen**, die durch verschiedene Gemeinsamkeiten miteinander verbunden sind. Dazu gehören räumliche **Grenzen** (z. B. Landesgrenzen), die gleichen **Gesetze** und auch **kultur**elle Übereinstimmungen, wie etwa die **Sprache**, die **Musik**richtungen oder die **Religion**.

Gesetz, das

Gesetze sind Regeln, die für alle **Menschen** eines **Staat**es gelten. Die Gesetze werden meist von der **Regierung** vorgeschlagen und vom Parlament festgelegt. Gesetze sind notwendig für ein geordnetes Zusammenleben.

Gesundheit, die

Wenn du dich körperlich, seelisch und sozial, das bedeutet im Zusammensein mit anderen **Menschen**, wohlfühlst, bist du gesund. Für deine Gesundheit kannst du einiges tun: Gute **Ernährung**, Bewegung und das Spielen mit Freunden gehören dazu.

Getreide, das

Gräser, die große Körner tragen, die wir als Nahrungsmittel verwenden können, bezeichnen wir als Getreide. Unsere wichtigsten Getreidesorten sind Weizen, Roggen, Gerste und Hafer. Wir nutzen die Körner zur Mehlherstellung, für die Zubereitung von Müsli und auch als Tierfutter.

Gewalt, die

Ein **Mensch**, der einen anderen rücksichtslos und mit Kraft zu etwas zwingt, wendet Gewalt an. Das kann körperliche Gewalt sein oder auch seelische Gewalt, z. B. durch Beleidigungen oder Kränkungen. Gewalt kann Verletzungen verursachen.

Gewitter, das

Die **Wetter**lage mit starken **Regen**fällen, Blitz und Donner nennen wir Gewitter. Dazu kommt es, wenn feuchte **Luft** am Boden durch **Sonne**neinstrahlung erwärmt wird und nach oben steigt. Dort trifft diese feuchtwarme Luft auf kältere Luftmassen, sie kühlt ab und riesige **Wolken** können entstehen. In so einer Gewitterwolke herrschen starke **Wind**e, die **Wasser**tropfen und Eisteilchen herumwirbeln. Durch das Zusammenprallen der Teilchen und Tropfen entsteht **Elektrizität**. Wird die elektrische Spannung zu groß, kommt es zur Entladung: Es blitzt und donnert. Die meisten Gewitter gibt es im Sommer.

Gewürz, das

Gewürze sind Teile von **Pflanzen**, die frisch oder getrocknet den Speisen zugegeben werden, um deren Geschmack und Duft zu verbessern.

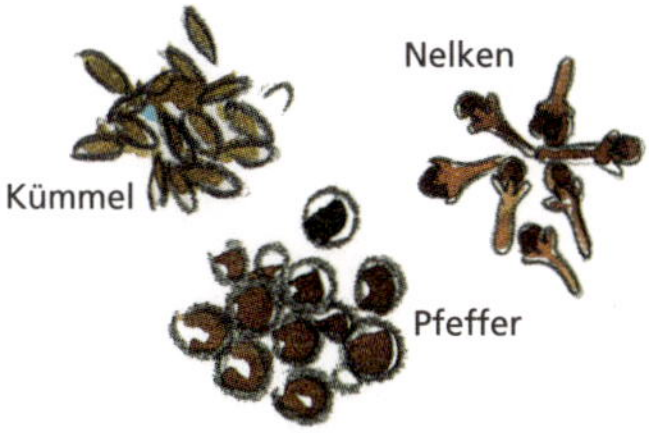

Geysir, der

Geysire sind heiße **Quellen**, aus denen heißes **Wasser** oder **Wasserdampf** hoch in die **Luft** geschleudert wird. Unter der Erde wird das Grundwasser durch heißes flüssiges Gestein, Magma genannt, erhitzt. Steigt die **Temperatur** auf mehr als 100 °C, erhöht sich der Druck und ein Strahl aus Wasser und Dampf schießt heraus. Es gibt nur wenige **vulkan**ische Gebiete auf der Welt, in denen Geysire vorkommen: Island, Neuseeland und **Amerika** gehören dazu.

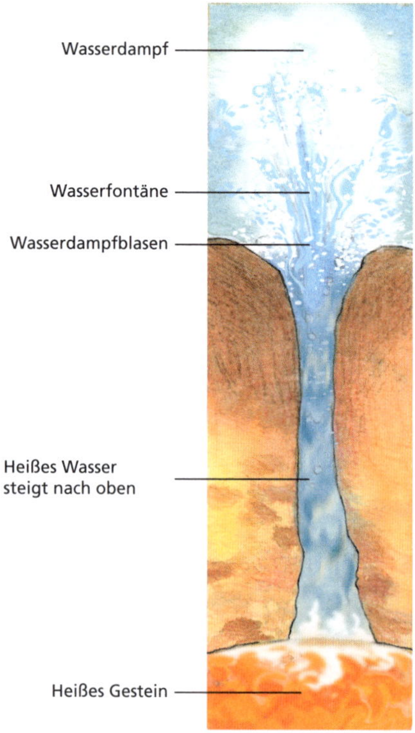

Gezeiten, die

➡ Siehe: **Ebbe und Flut**

Gift, das

Ein Gift ist ein Stoff, der einem **Lebewesen** schadet, wenn er durch Einatmen, Verletzungen der **Haut** oder durch den **Mund** in den **Körper** gelangt.

Giraffe, die

Giraffen sind die größten Land**säugetiere** der Welt. Sie können eine Körperhöhe von bis zu sechs Metern erreichen. Ihr **Lebensraum** ist die **Steppe Afrikas**. Giraffen ernähren sich vor allem von den **Blättern** der **Baumkronen**, die für die anderen Tierarten unerreichbar sind.

Glas, das

Wenn Sand, Soda und Kalk vermischt und zusammengeschmolzen werden, entsteht flüssiges Glas. Diese Glasschmelze kann zu Flaschen, Gläsern oder Scheiben verarbeitet werden. Schon seit mehr als 5000 Jahren können die **Menschen** Glas herstellen.

Gleichberechtigung, die

Gleichberechtigung bedeutet, dass alle **Menschen** die gleichen Rechte haben, egal welches Geschlecht, welche Herkunft, welche Hautfarbe und welchen Glauben sie haben. In **Deutschland**, **Österreich** und der **Schweiz** ist Gleichberechtigung im Gesetz verankert. In vielen Ländern ist die Benachteiligung von z. B. Frauen oder Menschen mit dunkler Hautfarbe noch immer verbreitet.

Gletscher, der

Gletscher sind große Eisflächen, die sich auf hohen Bergen und an den Polkappen aus **Schnee** gebildet haben. Sie entstehen, wenn über das **Jahr** mehr Schnee fällt, als abschmelzen kann. Mit seinem Gewicht drückt der Neuschnee die alten Schneeschichten zusammen, die dadurch zu Eis werden. Die Eisschicht schiebt sich langsam Richtung Tal. Durch ihre Größe und ihr hohes Gewicht verändern Gletscher die Landschaft.

Globalisierung, die

Der Begriff „global" bedeutet „die gesamte **Erde** umfassend". Heutzutage hängen **Politik**, **Wirtschaft** und **Kultur** vieler Länder miteinander zusammen. Etwa: Hosen werden von einer deutschen Firma in China hergestellt und in Spanien verkauft. Oder: **Musik** aus **Amerika** wird in **Europa** gehört. Für viele Probleme müssen Länder gemeinsame Lösungen suchen. Darum beraten z. B. Politiker aus aller Welt, was gegen den **Klimawandel** unternommen werden kann. Diese weltweiten Verflechtungen nennen wir Globalisierung.

Globus, der

Ein Globus ist die verkleinerte Nachbildung der **Erde** oder eines anderen Himmelskörpers. Auf einem Globus der Erde kann man die **Ozeane**, **Kontinente** und Länder erkennen. Das Wort Globus kommt aus dem Lateinischen und bedeutet Kugel.

Glühlampe, die

Eine Glühlampe ist eine Lichtquelle, sie wandelt **Strom** in Wärme und **Licht** um. In einem Glaskolben verläuft ein dünner Draht, durch den Strom fließt und der dadurch zum Glühen gebracht wird. Etwa 95 % der **Energie** werden allerdings in Wärme umgewandelt.

Energiesparlampe

Seit etwa 1820 wurde die Idee der Glühlampe entwickelt. Thomas Alva Edison gilt als Erfinder der Glühbirne. Inzwischen gibt es Energiesparlampen, die weniger Energie verbrauchen als Glühlampen. In vielen Ländern dürfen Letztere nicht mehr verkauft werden.

Gott

Zu fast jeder **Religion** gehört der Glaube an einen Gott oder mehrere Götter. Er gilt als eine nicht sichtbare, allmächtige und allwissende Macht. Viele **Menschen** glauben, dass er die Welt erschaffen hat und das Leben der Menschen lenkt. Sie beten zu ihm und verehren ihn.

Grammatik, die

Jede **Sprache** ist nach bestimmten Regeln aufgebaut. Wie wird ein Satz gebildet? An welcher Stelle stehen welche Wörter? Wie verändert sich der Satz, wenn wir über etwas sprechen, das in der Vergangenheit liegt? Die Grammatik ist das Regelwerk einer Sprache.

Greifvogel, der

Greifvögel schlagen ihre Beute mit kräftigen, gebogenen Krallen und einem kurzen, gekrümmten Schnabel.

Sie haben sehr scharfe **Augen** und ein gutes Gehör. Weltweit gibt es etwa 300 Arten, nur in der **Antarktis** kommen sie nicht vor. **Adler**, **Geier**, **Falken** und **Bussarde** gehören zu den Greifvögeln.

Grenze, die

Eine Grenze ist eine Trennlinie zwischen zwei Gebieten. Natürliche Grenzen können Flüsse oder Gebirge sein. Künstliche, von **Menschen** gezogene Grenzen verlaufen z. B. zwischen Grundstücken oder Ländern. An Grenzübergängen kann man von einem Land in das andere einreisen.

Griechen (alten), die

Das Zeit des alten (auch: antiken) Griechenlands begann etwa um 2000 v. Chr.. Damals wanderten **Menschen** aus anderen Gegenden verstärkt in das Gebiet des heutigen Griechenlands ein. Besonders bedeutend war die Zeit ab ca. 750 v. Chr.: Es wurden **Städte** gegründet, die eigene **Regierungen** hatten. In Athen entstand die erste **Demokratie**. Die Menschen beschäftigten sich damals intensiv mit Philosophie, **Mathematik**, **Physik**, Sternenkunde, **Kunst**, Literatur und **Geschichts**schreibung. Auch die **Olympischen Spiele**, deren Grundgedanke der friedliche, sportliche Wettkampf war, wurden in jener Zeit ins Leben gerufen. 146 v. Chr. verlor Griechenland seine Unabhängigkeit, weil es von den **Römern** besetzt wurde.

H

Haar, das

Menschen und **Säugetiere** haben fast am ganzen **Körper Haare**. Nur unsere Handflächen, unsere Fußsohlen und Lippen sind unbehaart. Haare bestehen aus Horn. Die Farbe der Haare hängt von den Pigmenten, den körpereigenen Farbstoffen, ab. Ein Mensch hat ungefähr 100 000 bis 150 000 Haare auf dem Kopf, die etwa einen Zentimeter im Monat wachsen. Das **Fell** der **Tiere** dient vor allem als Schutz gegen Kälte oder Hitze.

Hafen, der

Ein Hafen ist der Ort, an dem **Schiffe** ankern und anlegen können. Meist liegen Häfen an einer **Fluss**mündung oder in einer **Meer**esbucht, wo sie vor Sturm und hohen Wellen gut geschützt sind. Im Hafen können Schiffe mit Waren be- und entladen werden. In großen Häfen gibt es Docks, in denen Schiffe repariert werden können.

Hagel, der

Hagelkörner sind Eiskörner, die bei einem Unwetter auf die **Erde** fallen. In hohen, wasserreichen **Wolken** entstehen starke **Luft**bewegungen, in denen **Wasser**tropfen herumgewirbelt werden. Gelangen sie in die höheren, kälteren Schichten, gefrieren sie zu Eiskörnern. Jedes Mal, wenn sie wieder hochgetragen werden, friert eine neue Schicht an. So werden sie immer größer, manchmal so groß wie Tennisbälle, und fallen schließlich zu Boden.

Hai, der

Haie gehören zu den **Fischen**. Sie kommen in allen großen **Meeren** vor. Ihre Nahrung besteht hauptsächlich aus Fischen, **Krebsen**, **Robben** oder **Plankton**. Haie haben ein Revolvergebiss: Es besteht aus mehreren hintereinanderliegenden Zahnreihen. Fällt ein **Zahn** aus, rückt einer aus der nächsten Reihe nach vorne und ersetzt ihn. Das **Skelett** der Haie besteht nicht aus **Knochen**, sondern aus Knorpel. Die ersten Haiarten gab es schon vor etwa 400 Mio. Jahren – noch vor den **Dinosauriern**.

Weißer Hai

H

Hamster, der

Hamster sind nachtaktive **Nagetiere**.
Sie fressen Körner, **Früchte** und **Wurzeln**.
In ihren Backentaschen sammeln sie Nahrung, die sie dann in ihrem unterirdischen Bau als Wintervorrat lagern. In **Europa** kommt der Feldhamster vor. Der Goldhamster, der gern als **Haustier** gehalten wird, stammt aus der Türkei und Syrien.

Handel, der

Das Wort „Handel" hat zwei Bedeutungen. Das Kaufen und Verkaufen von Waren (und früher auch das Tauschen von Waren) nennen wir „Handel treiben".
Als Handel bezeichnen wir aber auch alle Betriebe, die Handel treiben: Nachdem ein Produkt hergestellt wurde, muss es – so sagt man – in den Handel kommen, es muss also verkauft werden können. Geschäfte, in denen der Kunde direkt einkauft, nennt man Einzelhandel. Der Ladenbesitzer selbst kauft im Großhandel – also bei einem Händler, der vom Hersteller beliefert wird und an den Einzelhandel weiterverkauft.

Handwerk, das

Handwerker verrichten ihre **Arbeit** vor allem mit ihren Händen (z. B. Bäckerin, Tischler, Heizungsbauer) oder sie erbringen Dienstleistungen (z. B. Friseur, Augenoptikerin). Es gibt mehr als 100 Handwerksberufe. Heutzutage nutzen auch Handwerker oft Werkzeuge und

Maschinen für ihre Arbeit. Die Ursprünge des Handwerks liegen schon viele Tausend Jahre zurück, denn schon da fingen die **Menschen** an, etwas mit ihren Händen herzustellen. Die massenhafte Produktion von Waren mithilfe von modernen Maschinen nennen wir industrielle Produktion.

Harnblase, die

Die Harnblase ist ein Hohl**organ**, das aus **Muskel**gewebe besteht. In ihm wird der Urin, der aus den **Nieren** einfließt, gespeichert. Ist die Blase bei einem Erwachsenen mit etwa 250 bis 500 ml gefüllt, muss er sie entleeren. Er geht zur Toilette.

➡ Siehe auch: **Organ**

Harz, das

Ein zähflüssiger Stoff, mit dem **Bäume** ihre Wunden verschließen.

Hase, der

Hasen sind **Säugetiere**. Sie leben auf Feldern und Wiesen. Ihre Nahrung besteht vor allem aus Gräsern, **Blättern** und **Blüten**. Hasen können sehr gut hören und riechen. Wenn Feinde, wie etwa **Greifvögel** und **Füchse**, in der Nähe sind, drücken sie sich erst flach

auf den Boden, rennen dann schnell weg und schlagen dabei Haken. Die Mulden, in denen Hasen Schutz suchen und ihre Jungen zur Welt bringen, werden Sassen genannt.

Haushuhn, das

Hühner sind weitverbreitete Nutztiere, ihr Fleisch und die **Eier** sind fast weltweit wichtige Nahrungsmittel. Hühner scharren im Boden nach Körnern, **Insekten** und **Würmern**. Die Hähne haben ein auffälligeres Gefieder als die Hennen. Durch sein Krähen markiert der Hahn sein Revier. Ein Haushuhn kann bis zu 300 Eier im Jahr legen. Die **Farbe** der Eier hängt von der Hühnerrasse ab.

Haustier, das

Tiere, die von **Menschen** gehalten werden, entweder zum Vergnügen oder zur Nutzung, nennen wir Haustiere. Die meisten Haustiere stammen von Wildtieren ab, die der Mensch im Laufe der Zeit gezähmt und gezüchtet hat. Nutztiere sind z. B. **Rinder**, **Schweine** oder **Schafe**.

Andere Tiere, wie **Pferde** oder Esel, halfen früher bei der Arbeit. **Hunde** oder **Katzen** werden von Menschen als Gefährten gehalten, Pferde auch für den **Sport**.

Haut, die

Die Haut ist die äußere Schicht unseres **Körpers**. Sie ist unser größtes **Organ** und erfüllt viele Funktionen. Sie schützt uns vor Verletzungen und **Krankheit**serregern und reguliert die Körpertemperatur. Außerdem ist sie eines unserer **Sinnesorgane**, mit ihr nehmen wir die **Temperatur**, **Schmerz** und Berührungen wahr. In den verschiedenen Schichten der Haut befinden sich **Nervenzellen**, **Blut**gefäße, Schweißdrüsen, Talgdrüsen und **Haar**wurzeln. Welche Farbe die Haut hat, wird durch die Anzahl der Farbstoffe, Pigmente genannt, in der Haut bestimmt.

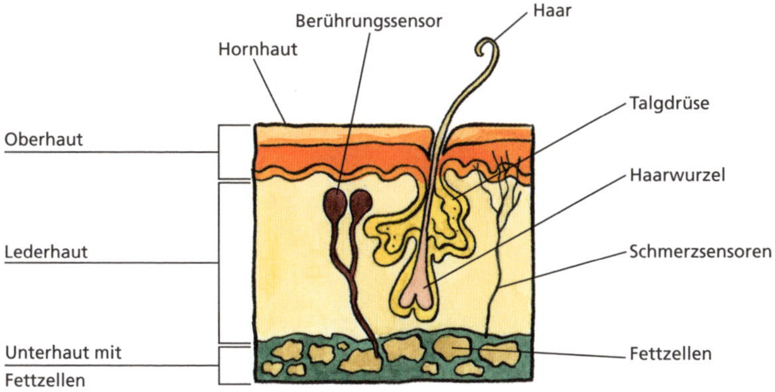

Heißluftballon, der

Ein Heißluftballon ist ein Luftfahrzeug, das ohne **Motor** aufsteigt. Die **Luft** im Ballon wird erhitzt. Dadurch wird sie leichter als die umgebende Luft und der Ballon hebt ab. Die Ballonfahrer können die Flughöhe des Ballons steuern, aber nicht die Flugrichtung.

Herz, das

Das Herz ist ein großer **Muskel**, der **Blut** durch die Blutgefäße in unserem **Körper** pumpt und so alle **Zellen** mit **Sauerstoff** versorgt.

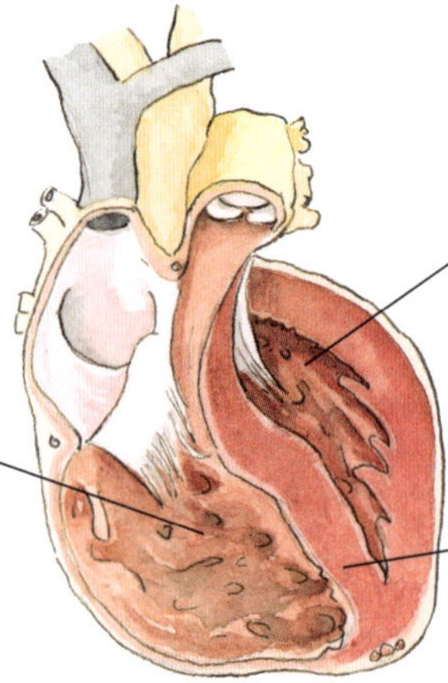

Heuschnupfen, der

Eine **Allergie** gegen bestimmte Pollen (Blütenstaub) nennen wir Heuschnupfen. Während der Blütezeit mancher **Pflanzen** reagiert der Körper von **Menschen**, die unter Heuschnupfen leiden, mit Niesen, Schnupfen und juckenden **Augen**.

Himmel, der

Wenn du nach oben blickst, siehst du in den Himmel. Er ist nicht die Hülle oder das Dach der **Erde**, wie es vielleicht scheint, sondern nur ein kleiner Ausschnitt des **Weltraumes**. Alles, was wir dort erkennen können, z. B. **Wolken**, **Sonne**, **Mond**, **Sterne** und **Vögel**, befindet sich für uns am Himmel. Stünden wir auf dem Mond, würden wir in einen anderen Ausschnitt des Weltraumes blicken und diesen als Himmel bezeichnen.

Himmelsrichtung, die

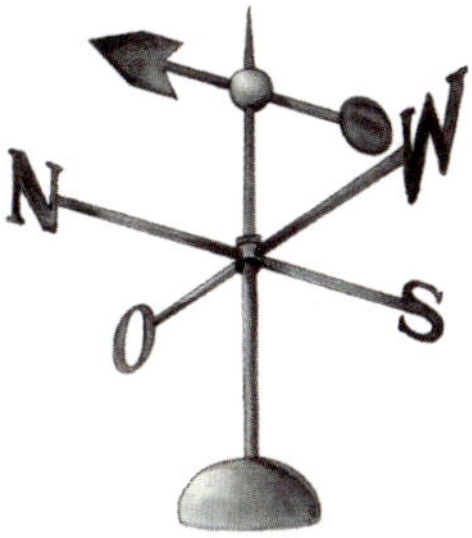

Die Himmelsrichtungen Norden, Süden, Westen und Osten helfen bei der Orientierung. Bei uns können wir sie nach dem Stand der **Sonne** bestimmen: Diese geht im Osten auf, mittags steht sie im Süden, im Westen geht sie unter, im Norden steht sie nie. Auf Landkarten ist Norden immer oben, Süden unten, Westen links und Osten rechts. Ein **Kompass** dient zur Bestimmung der Himmelsrichtungen.

Hinduismus, der

Mit etwa 800–900 Millionen Ahängern ist der Hinduismus die drittgrößte **Weltreligion**. Entstanden ist er vermutlich schon vor etwa 4000 Jahren in Indien. Es gibt viele verschiedene Glaubensgruppen. Die meisten Hindus verehren mehrere **Gott**heiten. Im Hinduismus gibt es viele Schriften, die wichtigsten heißen Veden. Hindus glauben daran, dass die Seele eines **Menschen** nach seinem Tod in einem anderen Lebewesen wiedergeboren wird. Durch ein gutes Leben kann sich der Mensch aus diesem Kreislauf befreien.

Hindus haben viele heilige Schriften, die vom Leben der Götter berichten. In einigen steht, welche Aufgaben ein Hindu in seinem Leben erfüllen muss.

Hirsch, der

Hirsche sind im **Wald** lebende, **Pflanzen** fressende **Säugetiere**. Die männlichen Hirsche tragen ein Geweih, das sie zum Kämpfen mit anderen Hirschen und zum Werben um die Weibchen nutzen.
Es besteht aus **Knochen** und wird jedes Jahr neu

gebildet. In unseren Wäldern leben Rothirsche, Damhirsche und **Rehe**.

Homosexualität, die

Wenn ein **Mann** sich sexuell zu Männern hingezogen fühlt oder eine **Frau** sich zu Frauen, dann sind sie homosexuell.

Horizont, der

Wenn du auf das offene **Meer** blickst, siehst du in der Ferne eine Linie, bei der **Himmel** und **Wasser** aneinanderstoßen. Diese Linie ist der Horizont. Bei einem weiten Blick über freies Land kannst du den Horizont dort erkennen, wo sich Himmel und Land berühren.

Hubschrauber, der

Ein Hubschrauber ist ein **Flugzeug**, das durch **Motor**kraft angetrieben wird. Er hat keine Tragflächen, sondern Rotoren, die bei der Drehung Auftrieb erzeugen. Ein Hubschrauber kann senkrecht starten und landen, in der **Luft** stehen, rückwärts und seitwärts fliegen. Der Rotor am Heck dient der Steuerung und sorgt dafür, dass sich der Hubschrauber nicht um sich selbst dreht. Hubschrauber werden auch Helikopter genannt.

Hund, der

Auf der ganzen Welt sind Hunde beliebte **Haustiere**. Es gibt mehr als 400 Hunderassen, sie alle stammen von den **Wölfen** ab. Die **Menschen** begannen vor mehr als 10 000 Jahren damit, Wölfe zu zähmen und zu züchten. Hunde sind treue Begleiter. Ihr Gehör und ihr Sehvermögen sind sehr gut ausgeprägt.

Chihuahua

Irischer Wolfshund

Mit einer guten Ausbildung können sie zu Wachhunden oder auch Blindenhunden für den Menschen werden. Alle Hunde sind Fleischfresser. Auch **Füchse** und Kojoten gehören zur Familie der Hunde.

Hunger, der

Wenn der Körper neue **Nährstoffe** braucht, entsteht ein Hungergefühl. Nährstoffe sind in der Nahrung enthalten, deshalb muss man etwas essen. Isst ein **Mensch** längere **Zeit** nichts, holt sich der Körper die Nährstoffe aus den Fettreserven. Wenn diese verbraucht sind, wird man kraftlos und anfällig für **Krankheiten**. In vielen armen Ländern gibt es zu wenig Nahrungsmittel. Hier leiden viele Menschen ständig Hunger.

I

Igel, der

Igel gehören zu den **Säugetieren**. Auf seinem Rücken hat ein Igel etwa 8000 Stacheln. Bei Gefahr rollt er sich zusammen und wird zu einer stachligen Kugel. So schützt er sich vor **Füchsen** und anderen Feinden. Igel leben in Parks, an **Wald**rändern und in Gärten. Sie sind in der Dämmerung und bei Nacht aktiv. Dann machen sie sich auf die Suche nach **Insekten**, **Würmern** und **Schnecken**.

Immunsystem, das

Dass **Krankheit**serreger wie **Viren** oder schädliche **Bakterien** in den **Körper** eindringen, ist ganz normal. Meist bleibt es ohne Folgen, da der Körper sich dagegen wehren kann. Diese Abwehrmöglichkeiten nennt man Immunsystem: Die weißen Blutkörperchen in unserem **Blut** sind die „Körperpolizei" – sie fressen die Eindringlinge auf. Dabei senden sie Signale aus, die weitere Blutkörperchen anziehen, so dass eine große Anzahl für die Abwehr der Krankheitserreger zur Verfügung steht. Dringen die gleichen Erreger später noch mal in den Körper ein, erkennt der Körper sie und bekämpft sie sofort.

Impfung, die

Vor manchen **Krankheiten** kann sich der **Mensch** durch eine Impfung schützen. Bei einer Impfung gegen z.B. Masern spritzt der Arzt einen Stoff mit ungefährlichen Masernerregern. An ihnen erkrankt der Körper nicht, aber die Bildung der Abwehrkörper wird angeregt. Kommt ein geimpfter Mensch später mit Masernerregern in Kontakt, kann der Körper schnell Abwehrzellen bilden und bleibt gesund.

Indianer, die
Die Bezeichnung „Indianer" wird kaum noch verwendet, da sie von vielen Betroffenen als rassistisch empfunden wird. Stattdessen sprechen wir von den **indigenen Völkern** Amerikas, den amerikanischen Ureinwohnern oder von „Native Americans" bzw. „First Nations" für die kanadischen indigenen Gemeinschaften. Die Bezeichnung „Indianer" geht wahrscheinlich auf den Entdecker Christoph Kolumbus zurück, der 1492 vermutete, er sei in Indien angekommen, obwohl er Amerika erreicht hatte. Die verschiedenen indigenen Stämme Amerikas lebten seit Jahrtausenden in Nord- und Südamerika. Ab dem 16. Jh. kamen europäische Siedler nach Amerika. Sie nahmen den Indigenen ihr Land und ihre Lebensgrundlage. Viele wurden getötet oder starben an eingeschleppten Krankheiten. Es dauerte lange, bis sie als gleichberechtigte amerikanische Bürger anerkannt wurden. Und auch heute noch leben sie häufig unter schlechten Bedingungen.

Indigenes Volk, das

Das Wort „indigen" bedeutet „in ein Land geboren". Es bezeichnet die Nachfahren der Erstbewohner in einer bestimmten Region. Die **Aborigines** z. B. lebten schon sehr lange in **Australien**, bevor die ersten Siedler aus **Europa** kamen. Ungefähr 370 Mio. **Menschen** gehören den indigenen Völkern auf der ganzen Welt an. Die meisten haben eine enge Bindung zur **Natur** und zu ihrem Land, sie haben eine eigene **Kultur** und **Sprache**. Im Laufe der **Geschichte** wurden viele indigene Völker vertrieben, unterdrückt oder ermordet und ihr Land wurde ausgebeutet. Noch heute müssen sie um ihre Rechte kämpfen. Zu den etwa 5000 indigenen Völkern weltweit gehören u.a. **Inuit**, Maori, Yanomami und Native Americans.

Yanomam

Indischer Ozean

Der Indische Ozean ist das drittgrößte **Meer** der Welt. Er erreicht eine Tiefe von bis zu 8000 m. Er grenzt an **Asien**, **Afrika**, **Australien** und die **Antarktis**.

➡ Siehe auch: **Weltkarte**, Seite 282/283

Industrie, die

Die Industrie fördert **Rohstoffe** und produziert Waren in großer Menge. In Fabriken werden moderne **Maschinen** eingesetzt und die **Menschen**, die in der Industrie arbeiten, sind meist auf einzelne Aufgaben spezialisiert. Ein wichtiger Industriezweig in **Deutschland** ist die **Auto**industrie.

Information, die

Eine Information ist eine Nachricht oder eine Mitteilung. Jeden Tag empfangen wir große Informationsmengen, die uns andere **Menschen**, **Zeitungen**, **Bücher**, Radio, Fernsehen oder das **Internet** liefern. Wir müssen bewerten, welche Informationen wichtig für uns sind und welche nicht. In der **Computer**technik wird der Begriff Information für die Daten verwendet, die verarbeitet werden.

Biene

Insekt, das

Alle Insekten haben sechs Beine. Ihr **Körper** ist in Kopf, Brust und Hinterleib unterteilt. Sie sind die artenreichste Gruppe des Tierreichs und kommen auf der ganzen Welt vor. Alle Insekten legen **Eier**. Aus dem Ei schlüpft eine **Larve**, die sich dann zum erwachsenen **Tier** entwickelt. Zu den Insekten gehören zum Beispiel **Käfer**, **Bienen**, **Läuse**, **Libellen** und Wanzen.

Hirschkäfer

Wanze

Insel, die

Eine Insel ist ein Stück Land, das rundum von **Wasser** umgeben ist. Inseln schwimmen nicht frei im Wasser, sie sind Erhebungen des **Meeres**- oder **Fluss**bodens. Sie können bewohnt oder unbewohnt sein. Die größte Insel der Welt ist Grönland.

Internet, das

Das Internet ist ein weltweites Computernetzwerk. Viele **Computer** stehen über Datenleitungen oder **Satelliten** miteinander in Verbindung. Über diese Computer können die Internet-Nutzer Daten austauschen, z. B. um elektronische Post, sogenannte E-Mails, zu verschicken. Außerdem können sich Einzelpersonen, Unternehmen oder Interessengemeinschaften im Internet mit einer Homepage vorstellen.

Inuit, die

Die Inuit leben in Grönland, in Nordkanada und in nordasiatischen Gebieten.

Früher bewohnten sie im Sommer Zelte, im Winter Häuser, die aus Grassoden, Wal**knochen** oder Torf gebaut waren. Sie lebten vom **Fisch**fang und jagten **Robben** und **Wale** mit Harpunen und Rentiere mit Pfeil und Bogen. Ihre Fortbewegungsmittel waren Kajaks und **Hunde**schlitten. Inzwischen hat sich die Lebensweise der Inuit verändert: Die meisten leben in Häusern, fahren mit **Motor**schlitten und gehen mit Gewehren auf die Jagd. Viele versuchen aber auch, die alten Gebräuche zu erhalten. Inuit bedeutet „**Menschen**".

Islam, der

Der Islam ist mit über 1,5 Milliarden Anhängern die zweitgrößte der fünf **Weltreligionen**. Vor etwa 1400 Jahren lebte der Prophet (Gottesbote) Muhammed auf dem Gebiet des heutigen Saudi-Arabien. Er überbrachte den **Menschen** Regeln und Gebote von Allah, dem allmächtigen **Gott**. Das Gotteshaus der Muslime heißt **Moschee**, das heilige Buch ist der **Koran**.

Die Kaaba steht im Innenhof der Heiligen Moschee in Mekka. Sie gilt als das Haus Gottes.

I

ISS, die

ISS ist die Abkürzung für die Internationale Raumstation (International Space Station). Sie kreist im Abstand von etwa 350 km um die **Erde**. Seit dem Jahr 2000 ist sie dauerhaft bemannt. Die Astronauten sammeln Daten und führen **Experimente** durch, die zu neuen Erkenntnissen etwa für die Medizin, die **Biologie** und die **Physik** führen sollen. 15 Länder betreiben diese Station gemeinsam, unter ihnen auch **Deutschland** und die **Schweiz**.

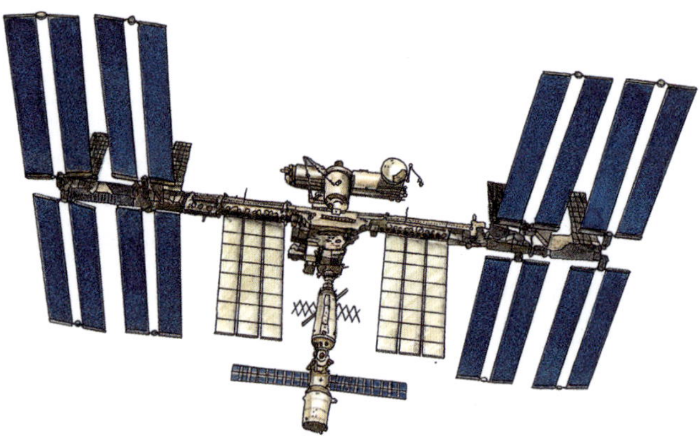

Jahr, das

Ein Jahr ist der Zeitraum, den die **Erde** braucht, um die **Sonne** einmal zu umkreisen. Das dauert 365 **Tage** und knappe sechs Stunden. Nach unserem **Kalender** ist ein Jahr genau 365 Tage lang. Um die zusätzlichen sechs Stunden auszugleichen, haben wir alle vier Jahre ein Schaltjahr. Dann hat der Februar 29 Tage, also einen Tag mehr.

Jahreszeit, die

Bei uns, in den gemäßigten **Klimazonen**, unterteilen wir das **Jahr** in vier Zeitabschnitte: Frühling, Sommer, Herbst und Winter. Sie unterscheiden sich vor allem durch das **Wetter** und den Zeitpunkt von Sonnenaufgang und -untergang voneinander. Ursache für die Jahreszeiten ist der Stand der **Sonne** zur **Erde**.

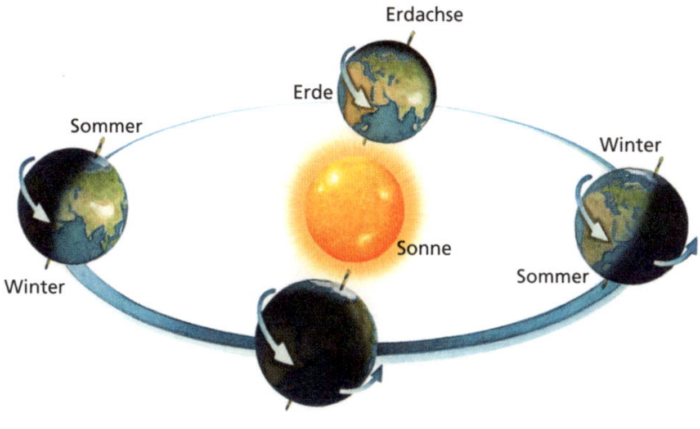

Die Erdachse, also die gedachte Linie zwischen **Süd-** und **Nordpol**, ist geneigt. Diese Neigung bleibt beim Weg um die Sonne immer in der gleichen Lage. Darum treffen die Sonnenstrahlen im Laufe des Jahres nicht gleichmäßig auf ein bestimmtes Gebiet. Ist der Nordpol der Sonne zugewandt, ist auf der Nordhalbkugel, also auch bei uns, Sommer. Ist der Südpol der Sonne zugewandt, ist bei uns Winter und auf der Südhalbkugel Sommer.

Jolly Roger

Die schwarze Flagge, der **Piraten**schiffe wurde früher auch Jolly Roger genannt.

Journalist, der

Journalisten sammeln **Informationen** und Meinungen aus verschiedenen Bereichen wie z. B. **Politik**, **Wirtschaft** oder **Sport** und wählen aus, welche davon für die Öffentlichkeit wichtig sind. Dann bearbeiten sie diese, um sie als verständliche Nachrichten zu verbreiten. Journalisten sind bei **Zeitungen**, Zeitschriften, im Fernsehen, beim Hörfunk oder in Online-Redaktionen beschäftigt. Die journalistische **Arbeit** ist sehr wichtig, da durch Auswahl und Beschreibung von Geschehnissen die Leser nicht nur informiert, sondern auch beeinflusst werden könnten. Falsche Nachrichten (➜ **fake news**) können sich durch das **Internet** und die modernen **Medien** schnell verbreiten und Einfluss auf die Meinung vieler Menschen nehmen.

Judentum, das

Das Judentum ist eine etwa 4000 Jahre alte **Weltreligion**. Die Juden waren die erste Glaubensgemeinschaft, die einen einzelnen **Gott** verehrte. Sie nennen ihn Jahwe. Die Heilige Schrift der Juden ist der Tanach. Der erste Teil des Tanach, die **Thora**, ist die Grundlage des Alten Testaments der **Christen**. Das Gotteshaus der Juden ist die **Synagoge**. Etwa 14 Mio. Juden leben weltweit. Dass es so wenige sind, liegt u.a. daran, dass etwa sechs Mio. von ihnen zur Zeit des **Nationalsozialismus** (➜ **Deutschland**) ums Leben kamen.

K

Totengräber

Käfer, der

Käfer gehören zu den **Insekten**.
Es gibt sie auf der ganzen Welt. Sie haben vier Flügel: Das vordere Flügelpaar ist hart und schützt die zusammengefaltet darunter liegenden weichen Hinterflügel. Zum Flug nutzen Käfer nur die Hinterflügel. Käfer sind die größte Tiergruppe, zurzeit sind etwa 350 000 Arten bekannt und jedes Jahr werden neue entdeckt.

Großer Eichenbockkäfer

Kaffee, der

Der Kaffeestrauch wird in **Südamerika**, **Afrika** und **Asien** angebaut. Er trägt rote **Früchte**, die Kirschen ähnlichsehen. Jede Frucht enthält zwei **Samen**, die Kaffeebohnen. Nach der Ernte werden sie geröstet, bis sie braun sind. Dann werden sie zu einem Pulver zermahlen, aus dem der Kaffee zubereitet wird. Kaffee enthält Koffein. Es wirkt anregend, kann aber auch nervös machen.

Kakao, der

Der Kakaobaum wächst vor allem in Mittel**amerika**, West**afrika** und Indonesien. In seinen großen, länglichen **Früchten** befinden sich bis zu 50 Kakaobohnen.

Unbehandelt sind sie ungenießbar, sie müssen getrocknet, geröstet und von Säuren befreit werden. Nach diesem aufwendigen Verfahren können die Bohnen zu Schokolade oder Kakaopulver verarbeitet werden.

Kaktus, der

Kakteen sind **Pflanzen**, die mit wenig **Wasser** überleben können. Ursprünglich wuchsen sie in **Amerika**, inzwischen haben sie sich auch z. B. in Süd**europa** angesiedelt. Die dicke äußere Wachsschicht hält die Verdunstung gering. Die Dornen sind umgewandelte **Blätter**. Dornen und Wolle schützen die Pflanze vor der starken **Sonne**neinstrahlung und vor hungrigen **Tieren**. In ihrem meist dicken Spross speichern Kakteen Wasser.

Kalender, der

Ein Kalender dient der Einteilung der **Zeit** in **Tage**, Wochen, Monate und **Jahre**. In **Europa** galt etwa 1500 Jahre lang der Kalender, den der römische Kaiser Julius Cäsar im Jahre 45 v. Chr. eingeführt hatte. 1582 verbesserte der damalige Papst Gregor XIII. diesen Kalender, indem er alle vier Jahre ein Schaltjahr einfügte. Inzwischen wird der gregorianische Kalender weltweit genutzt.

Kamel, das

Kamele sind widerstandsfähige und genügsame **Säugetiere**. An das Leben in **Wüsten** und **Steppen** sind sie gut angepasst: Ihre **Nasen**löcher verschließen sich bei Sandstürmen, lange Wimpern schützen die **Augen** und ihre Füße sind breit, damit sie nicht im Sand versinken. Kamele speichern Fett in ihren Höckern und kommen lange ohne **Wasser** aus. Für die **Menschen** in den Wüstengebieten sind sie wichtige Arbeits- und Lasttiere. Zu den Kamelen gehören die einhöckerigen Dromedare, die höckerlosen Lamas und die zweihöckerigen Trampeltiere.

Dromedar

Kanal, der

Kanäle sind künstlich angelegte **Wasser**wege. Sie können als Wasserstraße für den **Schiff**sverkehr, zur Entwässerung feuchter oder zur Bewässerung trockener Gebiete dienen. Der Nord-Ostsee-Kanal verbindet **Nord-** und **Ostsee** miteinander, der Mittellandkanal Elbe und Rhein.

Känguru, das

Kängurus gehören zu den Beuteltieren. Wir kennen etwa 60 Arten, die fast ausschließlich in **Australien** heimisch sind. Manche Arten sind so klein wie **Hasen**, andere, wie das Rote Riesenkänguru, können fast zwei Meter groß werden. Ein Kängurujunges ist bei seiner Geburt nur etwa halb so lang wie dein Daumen. Es kriecht sofort in den Beutel der Mutter, wo es sich an einer Zitze festsaugt. Dort wird es monatelang gesäugt, bis es schließlich zu groß für den Beutel ist und diesen verlässt.

Kaninchen, das

Kaninchen gehören zu der Familie der **Hasen**. Sie leben in Gruppen zusammen und graben weitverzweigte, unterirdische Baue, in denen sie Schutz suchen und ihre Jungen großziehen. Sie bekommen vier- bis siebenmal im Jahr Junge. Ursprünglich stammen Kaninchen aus dem Mittelmeergebiet, inzwischen sind sie aber weitverbreitet. Durch ihre schnelle Vermehrung wurden sie in **Australien** zu einer Plage.

Karies, die

Karies ist eine **Zahn**krankheit. Wird die harte Schutzschicht eines Zahnes, der Zahnschmelz, angegriffen, können **Bakterien** eindringen und dem Zahn schaden. Es entstehen schwarze Stellen und Löcher. Am Anfang sind sie klein, werden aber schnell größer, wenn sie nicht von einem Zahnarzt behandelt werden.

Kartoffel, die

Die unter der Erde wachsende Knolle der Kartoffel**pflanze** nennen wir Kartoffel. Sie gehört zu unseren wichtigsten Nahrungsmitteln. Ursprünglich stammt die Kartoffelpflanze aus **Südamerika**, von dort brachten sie die spanischen Seefahrer vor etwa 500 Jahren nach **Europa**.
Die Kartoffel ist gesund, aber alle grünen Pflanzenteile der Kartoffelpflanze sind **gift**ig. Auch sollten wir die Knolle nicht roh essen oder wenn sie grüne Verfärbungen zeigt.

Katze, die

Katzen sind **Raubtiere**, die fast auf der ganzen Welt vorkommen. Wir unterscheiden etwa 40 Arten, die wir grob in Kleinkatzen (z. B. Luchs, Puma, Wildkatze) und Großkatzen (z. B. **Tiger**, **Löwe**, **Leopard**) unterteilen. Bis auf die **Geparde** können alle Katzen ihre Krallen vollständig einziehen. Vor allem das Gehör, der Tastsinn und der Gleichgewichtssinn der Katzen sind sehr gut aus geprägt. Schon vor mehr als 7000 Jahren begannen die **Menschen**, Katzen als **Haustiere** zu halten.

Kernenergie, die

In einem **Atom**kern wirken sehr starke Kräfte. Bei der Spaltung oder Verschmelzung bestimmter Atomkerne wird **Energie** freigesetzt, die etwa zur **Strom**gewinnung genutzt werden kann. Strom wird in Kraftwerken erzeugt, in denen **Wasser** erhitzt wird. Der dabei entstehende Wasserdampf setzt eine **Turbine** in Bewegung. Diese Bewegungsenergie wird dann in Strom umgewandelt. In einem Atomkraftwerk erzeugt die Spaltung von Atomkernen die Energie zur Wassererhitzung. Für die Kernspaltung wird Uran verwendet – ein **radioaktives** Material.

Bei der Spaltung entsteht nicht nur Energie, sondern auch radioaktive Strahlung. Diese Strahlung ist sehr **gesundheit**sschädlich. **Menschen** dürfen nicht mit ihr in Berührung kommen. Entweicht diese Strahlung, sind Menschen und **Tiere** sehr gefährdet. Doch niemand kann garantieren, dass ein Atomkraftwerk immer intakt bleibt.

Kirche, die

Eine Kirche ist ein **Gott**eshaus, in dem sich **Christen** treffen, um Gottesdienste zu feiern, zu beten und Taufen, Hochzeiten oder Beerdigungen zu begehen. Kirchen gibt es auf der ganzen Welt, sind sie besonders groß, nennen wir sie Dom oder Kathedrale. Auch die Glaubensgemeinschaft der Christen bezeichnen wir als Kirche. Sie ist unterteilt in die evangelische und die katholische Kirche und noch einige weniger verbreitete christliche Glaubensrichtungen.

Kläranlage, die

In einer Kläranlage wird Abwasser, also schon benutztes und verschmutztes **Wasser**, gereinigt. Das Abwasser wird durch unterirdische Rohre (die Kanalisation) in die Kläranlage geleitet. Dort fließt es zuerst durch Gitter und Filter und wird so von dem groben Schmutz befreit. Dann wird das Wasser in speziellen Becken von Sand und schwimmenden Schmutzteilen gereinigt. Um auch die kleinsten Teilchen noch zu entfernen, werden anschließend **Bakterien** zur Reinigung eingesetzt. Nach einer abschließenden chemischen Reinigung wird das saubere Wasser in einen **Fluss** oder **See** geleitet. Die erste deutsche Kläranlage wurde 1882 in Frankfurt a. M. in Betrieb genommen.

Klima, das

Klima ist der über einen langen Zeitraum, etwa 30 Jahre, in einem bestimmten Gebiet herrschende **Wetter**verlauf. Das Klima einer Region hängt vor allem von drei Faktoren ab:

1. geografische Lage: z. B. ist es am **Äquator** wärmer als am **Nordpol**, weil die **Sonne**neinstrahlung dort höher ist.
2. Lage zum **Meer**: Ist der Ort in **Meer**esnähe, ist es feuchter als im Binnenland.
3. Höhenlage: In den Bergen ist es kälter als im **Tal**.

Klimawandel, der

Im Laufe der letzten Millionen Jahre hat sich das **Klima** auf der **Erde** immer wieder verändert, es gab Warmzeiten und **Eiszeiten**. Seit etwa 100 Jahren erhöht sich die **Temperatur** auf der Erde aber ungewöhnlich schnell. Das liegt u.a. daran, dass seitdem durch z.B. Fabriken, **Autos** und **Flugzeuge** immer mehr **Abgase** (und damit das **Gas Kohlendioxid**) in die **Erdatmosphäre** gelangen. Dort reichern die Gase sich an und führen zum Treibhauseffekt. Das Handeln der **Menschen** hat also Einfluss auf das Klima. Zu den Folgen der Erwärmung gehören Trockenheit, aber auch Stürme und Unwetter. Da das Eis an den Polen und die **Gletscher** schmelzen, steigt außerdem der Wasserspiegel in den **Meeren**, das führt zu Überschwemmungen. Um die Erderwärmung zu begrenzen, müssen die Menschen dafür sorgen, dass weniger Treibhausgase in die Atmosphäre abgegeben werden.

Tornado

Klimazone, die

Klimazonen sind Gebiete der **Erde**, in denen das **Klima** weitgehend einheitlich ist. Sie umspannen die Erde wie einzelne Gürtel. Klimazonen bestehen, weil die **Sonne** die Erde nicht gleichmäßig bestrahlt, sondern z. B. am **Äquator** viel intensiver scheint als bei uns. Wir unterscheiden fünf Klimazonen: die **Tropen**, die Subtropen, die warme gemäßigte Zone, die kalte gemäßigte Zone und die Polarzone.

Polarzone | Kalte gemäßigte Zone | Warme gemäßigte Zone | Subtropische Zone | Tropische Zone

Kloster, das

In einem Kloster leben Mönche oder Nonnen zurückgezogen in einer **Religion**sgemeinschaft zusammen. Sie widmen ihr Leben ihrem **Gott** und ihrem Glauben, heiraten nicht, leben bescheiden und abgeschieden und folgen den Regeln ihrer Religion. Im **Mittelalter** wurden viele Klöster errichtet.

Knochen, der

Beim **Menschen** und bei den **Wirbeltieren** stützen Knochen den **Körper** und schützen bestimmte **Organe**, etwa das **Herz**. Knochen sind von einer Knochenhaut umhüllt, in die **Blut**gefäße und **Nerven** führen. Alle Knochen zusammen bilden das **Skelett**. Wir haben als Säuglinge ungefähr 300 Knochen, später dann nur noch etwa 200, weil im Laufe der Entwicklung manche Knochen zusammenwachsen.

Kohle, die

Kohle ist ein Brennstoff, der im Laufe von vielen Millionen Jahren aus abgestorbenen **Pflanzen** entstand. Steinkohle lagert tief in der **Erde** und ist sehr alt, Braunkohle ist leichter zugänglich und etwas jünger. Noch jünger ist Torf. Früher war Kohle als Heizmittel sehr wichtig, inzwischen nutzen wir vor allem **Erdgas** und **Erdöl** als **Energie**lieferanten.

Kohlendoxid, das

Das **Gas** Kohlendioxid ist farblos und geruchlos. Es ist ein natürlicher Bestandteil der **Luft**. Es entsteht aber auch beim Verbrennen von **Erdöl** und **Erdgas** und befindet sich daher z.B. in **Abgasen** von **Autos**, **Flugzeugen** und Fabriken. Die von Menschen verursachte Menge an Kohlendioxid führt zu einem verstärkten Treibhauseffekt und trägt zum **Klimawandel** bei. **Pflanzen** wandeln das Kohlendioxid der Luft in **Sauerstoff** um.

Kolibri, der

Kolibris sind kleine **Vögel**, die nur in **Nord-** und **Südamerika** vorkommen. Mit ihrem langen Schnabel saugen sie Nektar aus den **Blüten**. Sie können im sogenannten Schwirrflug auf der Stelle stehen bleiben, nach oben, nach unten und sogar rückwärts fliegen.

Komet, der

Kometen sind Himmelskörper, die aus **Gas**, Eis, Staub und Gesteinsteilchen bestehen. Sie umkreisen die **Sonne** in großen Bahnen. Es gibt Kometen, die für eine Umlaufbahn Tausende von Jahren brauchen.

Kometen werden auch Schweifsterne genannt, weil sie einen aus Staub bestehenden Schweif hinter sich herziehen, der viele Millionen Kilometer lang sein kann. Von der Erde aus können wir Kometen beobachten, die sich in der Nähe der Sonne befinden.

Kompass, der

Mit einem Kompass können wir die **Himmelsrichtungen** bestimmen. Die drehbare Kompassnadel zeigt immer nach Norden und nach Süden. Sie ist ein **Magnet** und richtet sich auf den **Süd-** bzw. **Nordpol** aus, da die Erde selbst auch magnetisch ist. Sind **Strom**leitungen oder große Eisenmengen in der Nähe, kann ein Kompass ungenau werden.

Komponist, der

Ein Komponist denkt sich **Musik**stücke aus.

Kompost, der

Wenn **Pflanzen**reste, Küchenabfälle und Laub verrotten, entsteht gute Gartenerde, die wir Kompost nennen. Am besten bildet sich Kompost, wenn die pflanzlichen Abfälle so aufgeschichtet werden, dass gut **Luft** darankommt.
Würmer, **Käfer**, Asseln und **Bakterien** besiedeln den Komposthaufen, fressen die Pflanzenreste, scheiden Teile davon wieder aus und helfen so bei der Zersetzung.

Kondom, das

Ein Kondom ist eine Hülle aus dünnem Gummi. Wenn es vor dem Geschlechtsverkehr über den Penis des **Mannes** gezogen wird, gelangen die Spermien nicht in die Scheide der **Frau** und sie kann nicht schwanger (➜ **Schwangerschaft**) werden. Ein Kondom ist also ein Verhütungsmittel. Es schützt auch vor einer möglichen Ansteckung mit **Aids**.

Konflikt, der

Ein Konflikt ist ein Streit oder eine Auseinandersetzung. Er entsteht, wenn unterschiedliche Interessen, Ziele oder Werte einzelner **Menschen**, Gruppen oder auch **Staaten** aufeinandertreffen.

Kontinent, der

Kontinente sind die großen zusammenhängenden Landgebiete der **Erde**. Wir unterscheiden **Afrika, Australien, Asien, Europa, Nordamerika, Südamerika** und **Antarktika**. Sie sind von **Wasser** umgeben und meist nicht miteinander verbunden – einzige Ausnahme sind Asien und Europa, die eine lange Grenze haben. Vor etwa 250 Mio. Jahren gab es auf der Erde nur einen großen Kontinent. Dieser zerbrach im Laufe der Zeit in die Kontinente, die wir heute kennen. Noch immer bewegen sich die Landmassen: Europa und Amerika entfernen sich etwa zwei Zentimeter im Jahr voneinander. Ein anderes Wort für Kontinent ist Erdteil.

➡ Siehe auch: **Weltkarte**, Seite 282/283

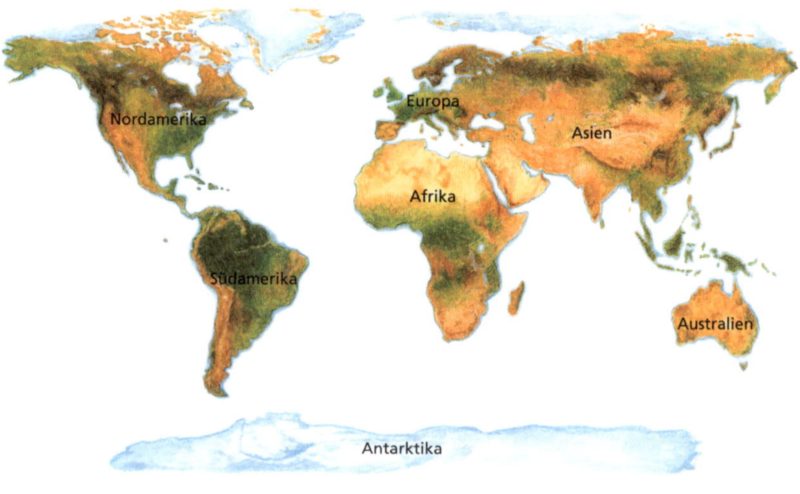

Korallen, die

Korallen sind am **Meer**esboden verankerte kleine Nesseltiere, die meist in großen Gruppen, die wir Kolonien nennen, zusammenleben. Ihr Lebensraum sind warme Meere, etwa vor der Küste **Australiens**. Um seinen weichen **Körper** zu schützen, bildet das einzelne **Tier** eine Hülle aus Kalk. In der Nacht streckt das weiche Tier, der Polyp, seine Tentakel aus und fängt **Plankton**. Wenn Tausende dieser Polypen nebeneinander leben, entstehen Korallenriffe. Viele Korallen leiden unter der Erwärmung und Verschmutzung der Meere. Sie verlieren ihre Farbe oder sterben sogar.

Koran, der

Der Koran ist das heilige **Buch** des **Islam**. In ihm steht die Botschaft Allahs, so heißt **Gott** bei den Muslimen, an die Menschen. Der Koran gibt z. B. vor, was Recht und was Unrecht ist, wie Muslime sich verhalten sollen, was sie essen und wie sie sich waschen sollen.

Körper, der

Der Körper eines **Lebewesens** ist die Gesamtheit seiner **Zellen**. Zum menschlichen Körper gehören Kopf, Hals, Rumpf, Arme und Beine. Im Inneren sind die **Organe** (z. B. **Gehirn**, **Herz**, **Lunge**, **Nieren**), **Muskeln** und **Knochen**. Auch die äußere Hülle, die **Haut**, bezeichnet man als Organ. Die Teile des Körpers stehen miteinander in Verbindung. Das **Nerv**ensystem spielt dabei als Vermittler von **Informationen** eine wichtige Rolle. Die Gestalt und die **Gesundheit** eines Körpers werden durch die **Gene**, aber auch durch äußere Einflüsse wie **Ernährung**, Bewegung und vielleicht auch Verletzungen beeinflusst.

Kosmos, der

➡ Siehe auch: **Weltall**

Krankheit, die

Wenn der **Körper** eines **Menschen** oder ein Teil davon nicht richtig funktioniert, sprechen wir von einer Krankheit. Das Wohlbefinden ist eingeschränkt. Wann ein Mensch sich krank fühlt, ist sehr unterschiedlich. Manchen geht es mit einem Schnupfen schlecht, andere sind damit noch sehr munter.

Kräuter, die

Kräuter nennen wir die **Pflanzen**, von denen wir frische oder getrocknete **Blätter** oder **Blüten** zum Verfeinern von Speisen nutzen können. Sie geben dem Essen einen besonderen Geschmack. Petersilie, Pfefferminze, Fenchel oder Basilikum sind Kräuter. Aus manchen Kräutern kann man auch **Tee** kochen. Kräuter gehören zu den **Gewürzen**.

Salbei

Thymian

Minze

Krebstiere, die

Zu der Tiergruppe der Krebstiere gehören weltweit etwa 40 000 Arten. Die meisten leben im **Wasser**, haben einen Panzer, zwei Paar Antennen und Kiemen. Wenn sie wachsen, werfen sie den alten Panzer ab und bilden einen neuen. Strandkrabben, Seepocken, Garnelen und Hummer gehören zu den Krebstieren.

Krabbe

Kreuzzug, der

Zwischen 1095 und 1254 n. Chr. schickten europäische Herrscher christliche **Ritter** und Krieger in das „Heilige Land" Palästina, um gegen die Muslime zu kämpfen. Diese hatten christliche Gebiete erobert. In den insgesamt sieben Kreuzzügen ging es nicht nur um die Eroberung von religiösen Stätten, sondern auch um die Durchsetzung des christlichen Glaubens, um Landgewinn und Macht. Tausende starben bei den Kreuzzügen an **Krankheiten**, an **Hunger** oder im Kampf.

Krieg, der

Krieg ist ein bewaffneter Kampf zwischen Ländern oder zwischen Bevölkerungsgruppen innerhalb eines Landes. Auslöser können z. B. das Streben nach mehr Land, mehr Macht und Reichtum sein oder die Verbreitung der eigenen **Religion**. In jedem Falle lösen Kriege großes Leid aus – **Menschen** sterben oder werden verletzt, **Städte** und Landschaften werden zerstört.

Krokodil, das

Krokodile gehören zu den **Reptilien**. Sie leben in den tropischen (➔ **Tropen**) und subtropischen Gebieten der Welt.

Stundenlang können sie bewegungslos an Land oder im **Wasser** ausharren; kommt dann ein Beutetier in ihre Nähe, schnappen sie blitzschnell zu. Sie verschlucken ihre Beute ganz oder in Teilen. Krokodile wachsen ihr Leben lang. Das Nilkrokodil kann bis zu sieben Meter lang werden, dann ist es etwa 100 Jahre alt. Krokodile gab es schon zu Zeiten der **Dinosaurier**.

Kröte, die

Kröten gehören zu den **Amphibien**. Weltweit gibt es etwa 500 Arten, in **Deutschland** leben nur vier davon. Kröten haben eine warzige **Haut**. Manche sondern einen giftigen Schleim ab. Sie ernähren sich vor allem von **Insekten** und Nackt**schnecken**. Im Frühjahr machen sich die Kröten von ihrem Winterquartier zu **Seen** oder Tümpeln auf, um dort ihren Laich abzulegen. Bei diesen Krötenwanderungen sind manchmal Tausende von Tieren unterwegs und Straßen, die sie überqueren, müssen für die **Autos** gesperrt werden.

Kuckuck, der

Der Kuckuck lebt in **Nordafrika**, **Europa** und **Asien**. Er baut kein eigenes **Nest**, sondern legt seine Eier in die Nester anderer **Vögel**.

Diese brüten dann das fremde **Ei** mit aus. Nach dem Schlüpfen wirft das Kuckucksküken die anderen Eier oder Jungvögel aus dem Nest, damit es genug Platz und Nahrung bekommt. Der Kuckuck gehört zu den **Zugvögeln** und überwintert in **Afrika**.

Kuh, die

➡ Siehe auch: **Rind**

Kultur, die

Der Begriff Kultur umfasst alles, was **Menschen** geschaffen haben. Dazu gehören **Sprache** und **Schrift**, **Musik** und Malerei, **Architektur**, **Mode**, Wissenschaft, **Religion**, Ideen, Werte und die Form des menschlichen Zusammenlebens. Jedes Volk und jede Gemeinschaft haben eine eigene Kultur. Der Gegensatz zur Kultur, also die nicht vom Menschen geformte **Umwelt**, ist die **Natur**.

Kunst, die

Kunst entsteht, wenn ein **Mensch** ein besonderes Werk entwickelt und schafft, das noch niemand vor ihm auf diese Weise geschaffen hat.

Schöpfungen im Bereich der **Musik**, der Literatur, der Malerei, der Bildhauerei und bei Schauspiel und Tanz sind zum Beispiel Kunstwerke. Um ein Kunstwerk zu schaffen, braucht der Künstler Begabung, Geschick und Können.

Kunststoff, der

Kunststoffe kommen nicht in der **Natur** vor, es sind Materialien, die der **Mensch** entwickelt hat. Grundlage vieler Kunststoffe ist **Erdöl**. In unserem Alltag begegnen wir Kunststoffen (ein anderes Wort ist Plastik) fast überall: Z. B. Verpackungen, Spielzeug, Autoreifen oder Kleiderfasern können daraus gefertigt sein. Das ist häufig praktisch, hat aber Nachteile: Erdöl ist ein begrenzter **Rohstoff**, außerdem entstehen riesige **Müll**mengen, da Plastik nur sehr langsam zerfällt. Gelangt Kunststoff in die **Meere**, kann er die **Tiere**, die ihn fressen, schädigen. Um **Umwelt** und **Lebewesen** zu schützen, müssen wir versuchen, so wenig Plastik wie möglich zu verwenden, es wiederverwerten und neue, umweltfreundlichere Materialien entwickeln.

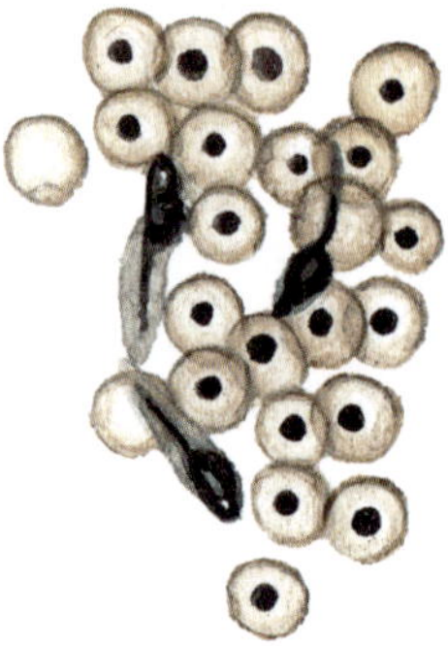

Laich, der

Die **Eier** von **Fischen**, **Amphibien** und Wasser**schnecken** nennen wir Laich. Die Weibchen legen ihn im **Wasser** ab, meist an Wasser**pflanzen** oder am Boden, anschließend befruchten die Männchen die Eier.

Landwirtschaft, die

Zur Landwirtschaft gehören der Anbau von Nutz**pflanzen** wie Getreide, Obst oder Gemüse und die **Nutztier**haltung. Die landwirtschaftlichen Betriebe verkaufen ihre Erzeugnisse, dazu gehören z. B. **Äpfel**, Gurken, Mais, Milch, Fleisch und Eier – alles Dinge, mit denen sich bei uns fast niemand selbst versorgen kann. Zur Bearbeitung des Bodens und zur Ernte werden moderne **Maschinen** (z. B. Mähdrescher) eingesetzt. Bevor die **Menschen** vor etwa 11 000 Jahren anfingen, Landwirtschaft zu betreiben, waren sie vor allem Jäger und Sammler. Einen kleineren landwirtschaftlichen Betrieb nennen wir auch Bauernhof.

Längengrad, der

Um die Lage jedes Ortes auf der Welt genau bestimmen zu können, gibt es ein gedachtes Liniennetz der **Erde**, das Gradnetz. Es ist in 360 Längen- und 180 **Breitengrade** unterteilt. Den längsten Längengrad nennen wir Nullmeridian. Er verläuft durch den Londoner Vorort Greenwich. Der Längengrad eines Ortes gibt an, wie weit dieser vom Nullmeridian entfernt ist. Liegt er östlich von diesem, sagt man östliche Länge. Liegt er in westlicher Richtung, heißt es westliche Länge.

➡ Siehe auch: **Weltkarte**, Seite 282/283

Larve, die

Eine Larve ist die Entwicklungsstufe zwischen **Ei** und erwachsenem **Tier**. Bei **Insekten** und **Amphibien** schlüpfen aus den Eiern oft Larven, die noch ganz anders aussehen als später die erwachsenen Tiere. Die Larven der **Fliegen** sind die Maden, bei **Schmetterlingen** sind es Raupen und bei **Fröschen** Kaulquappen.

Laubbaum, der

Bäume, die weiche Blätter tragen, nennen wir Laubbäume. Apfelbaum, Eiche, Buche und Kastanie gehören dazu. Laubbäume sind Bedecktsamer, das bedeutet, dass ihre **Samen**anlagen in einem Fruchtknoten liegen und dort zu Samen reifen.

Um die Samen herum wachsen Früchte: Das sind je nach Baumart z. B. **Äpfel**, Eicheln, Bucheckern oder Kastanien. In den Blättern findet die Fotosynthese statt, also die Umwandlung von **Wasser** und **Kohlendioxid** in **Nährstoffe** und **Sauerstoff**. Über die Spaltöffnungen im **Blatt** gibt der Baum Wasserdampf ab und nimmt Kohlendioxid auf. Im Herbst werfen Laubbäume ihre Blätter ab, um die Abgabe von Wasser zu verringern, damit der Baum nicht austrocknet. Neben den Laubbäumen gibt es auch **Nadelbäume**.

Laus, die

Läuse gehören zu den **Insekten**. Sie sind Parasiten, das heißt, sie leben auf anderen Lebewesen und ernähren sich von diesen. Kopfläuse sitzen auf dem Kopf von **Menschen** oder im **Fell** von **Tieren** und saugen **Blut**. Der Stich löst einen Juckreiz aus. Ihre **Eier**, die Nissen, legen sie am **Haar**schaft ab. Mit einem Mittel aus der Apotheke können die Läuse gut bekämpft werden. Es gibt auch Kleiderläuse und Blattläuse.

Blattlaus

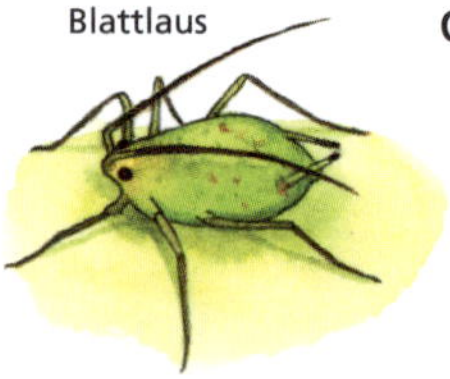

Lava, die

➡ Siehe auch: **Vulkan**

Lawine, die

Lawinen sind **Schnee**- oder Eismassen, die sich an einem Berghang lösen und nach unten rutschen. Sie können sehr schnell werden und mit großer Wucht in Richtung **Tal** donnern. Alles, was im Weg ist, wird dann mitgerissen. Warum sich Lawinen lösen, kann verschiedene Gründe haben: Plötzliches Tauwetter, starker **Wind** und starker Schneefall gehören dazu. Für **Menschen** sind Lawinen sehr gefährlich. Wenn Schlamm oder Geröll einen Berghang hinabstürzen, sprechen wir von Schlamm- bzw. Geröllawinen.

Leber, die

Die Leber ist ein wichtiges am **Stoffwechsel** beteiligtes **Organ**. Sie liegt unter den unteren Rippen der rechten Körperseite. In der Leber werden nahezu alle Nahrungsbestandteile überprüft und so umgebaut, dass der **Körper** sie verwerten kann. Schädliche oder verbrauchte Stoffe werden von der Leber aussortiert und über den **Darm** ausgeschieden.

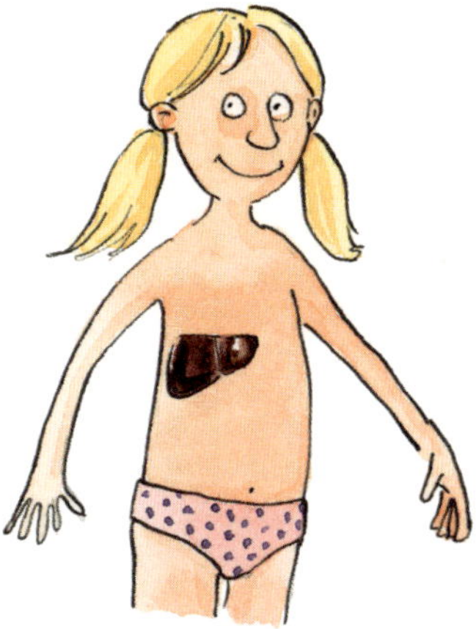

Lebewesen, das

Menschen, **Tiere**, **Pflanzen**, **Pilze** und **Bakterien** gehören zu den Lebewesen. Zu den Merkmalen eines Lebewesens zählen Wachstum, **Fortpflanzung** und **Stoffwechsel**. Außerdem können sie Reize aus der Umwelt aufnehmen (z. B. **Temperatur**, Geräusche oder Berührung) und sie sind zur **Evolution** fähig.

Leichtathletik, die

➡ Siehe auch: **Sport**

Leopard, der

Leoparden sind Groß**katzen**. Sie leben in den **Steppen** und **Regenwäldern** **Afrikas** und **Asiens**. Zu ihren Beutetieren gehören vor allem Gazellen und Antilopen, an die sie sich anschleichen, um dann schnell aus der Nähe anzugreifen. Leoparden können sehr gut klettern. Schwarze Leoparden nennen wir Panther.

Libelle, die

Libellen gehören zu den **Insekten**. Sie leben in der Nähe von **Flüssen**, Teichen oder **Seen**. Libellen können schnell und geschickt fliegen. Sie jagen ihre Beute, andere Insekten, im Flug. Ihre **Eier** legen sie im **Wasser** ab. Die **Larven** leben im Durchschnitt etwa ein bis zwei Jahre im Wasser. Die Lebensdauer der erwachsenen Libelle liegt bei nur etwa sechs bis acht Wochen. Libellen können nicht stechen.

Licht, das

Licht ist eine Form von **Energie** – ebenso wie etwa Wärme oder **Elektrizität**. Wir brauchen Licht, um etwas sehen zu können. Von einer Lichtquelle, z. B. der **Sonne** oder einer Lampe, breiten sich Lichtwellen aus. Weißes Licht setzt sich aus mehreren Wellenlängen zusammen. Treffen diese Lichtwellen auf einen Gegenstand, nimmt dieser bestimmte Wellenlängen auf, andere wirft er zurück – so entstehen **Farben**. Lichtwellen breiten sich sehr schnell aus, sie legen etwa 300 000 km in der Sekunde zurück.

Liebe, die

Liebe ist das stärkste Gefühl der Zuneigung, das wir einem **Menschen** oder auch **Tier** gegenüber empfinden können.

L

Löwe, der

Löwen sind in Rudeln lebende Groß**katzen**. Sie kommen in der afrikanischen **Steppe** und in einem kleinen Gebiet in Indien vor. In einem Rudel leben meist ein bis vier Männchen und mehrere Weibchen und Jungtiere. Die Männchen verteidigen das Revier des Rudels gegen Eindringlinge. Die Löwinnen gehen gemeinsam auf die Jagd nach Büffeln, Antilopen oder **Zebras**. Das Rudel teilt sich die Beute, die Männchen fressen zuerst. Sind die Löwen satt, liegen sie viele Stunden am Tag träge im Schatten.

Löwenzahn, der

Der Löwenzahn ist eine weitverbreitete, anspruchslose **Pflanze**. Aus seinen gelben **Blüten** bilden sich etwa Ende Mai weiße, kugelige Samenstände. Die **Samen** sind wie kleine Fallschirme, sie werden vom **Wind** verteilt. Wegen seiner langen **Wurzeln** kann der Löwenzahn auch zwischen Steinen oder auf trockenem Boden wachsen.

Luft, die

Luft ist ein Gemisch aus verschiedenen **Gasen**, das die **Erde** in einer Schicht, der **Erdatmosphäre**, umgibt. Luft besteht vor allem aus Stickstoff, **Sauerstoff** und **Wasserdampf**. Alle **Lebewesen** brauchen Luft zum Atmen (➜ **Atmung**). Außerdem ist Luft notwendig, damit sich **Schall**wellen ausbreiten, das heißt, dass wir ohne Luft nichts hören könnten.

Luftdruck, der

Auch **Luft** hat ein Gewicht. Wir nennen das Gewicht, das die Luft auf uns ausübt, Luftdruck. In Bodennähe wird die Luft durch die darüberliegende Atmosphäre zusammengedrückt. Je höher man kommt, desto geringer wird der Druck. Die Bewegungen der Luftmassen in der **Erdatmosphäre** beeinflussen das **Wetter**. Wir messen den Luftdruck mit einem **Barometer**.

Luftverschmutzung, die

Befinden sich Schadstoffe in einer Menge, die für **Lebewesen** oder die **Umwelt** schädlich sind, in der **Luft**, spricht man von Luftverschmutzung. Dazu gehören **Kohlendioxid** und weitere Stoffe, die in **Abgasen** enthalten sind. Es gibt auch Luftverschmutzung durch natürliche Ursachen, etwa **Vulkan**ausbrüche, Sandstürme oder **Wald**brände.

Lunge, die

Die Lunge ist das **Organ**, mit dem wir atmen. Die beiden Lungenflügel liegen rechts und links im Brustkorb. Durch die Luftröhre gelangt die eingeatmete **Luft** in die Bronchien – das sind dünne Röhren in der Lunge, die sich immer weiter verzweigen und schließlich in viele kleine Bläschen münden. Hier wird der Luft**sauerstoff** an das **Blut** abgegeben und von diesem zu allen **Körperzellen** transportiert.

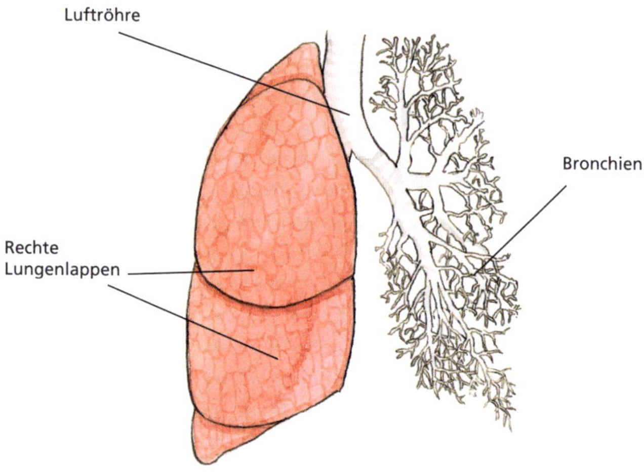

Magen, der

Der Magen ist ein Verdauungs**organ**. Er besteht aus **Muskeln** und ist hohl. Seine Aufgabe ist das kurzzeitige Speichern und das Zerlegen der Nahrung. Durch die Speiseröhre gelangt die Nahrung in den Magen. Dort vermischt sie sich mit Magensäure, einer Flüssigkeit, die die Nahrung auflöst, damit der **Körper** die Bestandteile verarbeiten kann. Bei manchen Nahrungsmitteln, etwa **Gemüse**, dauert das nur ungefähr eine Stunde. Fettiges Essen, z.B. eine Weihnachtsgans, kann mehrere Stunden im Magen bleiben, bevor der Nahrungsbrei an den **Darm** weitergegeben wird.

Magnet, der

Ein Magnet hat zwei Pole: einen **Nord-** und einen **Südpol**. Magnete sind von einem unsichtbaren Kraftfeld umgeben und ziehen **Metalle** wie Eisen oder Stahl an. Zwischen zwei Magneten gilt: Entgegengesetzte Pole ziehen sich an, gleiche stoßen sich ab. Magnetismus ist eine Naturkraft. Auch die **Erde** besitzt ein Magnetfeld, dessen Pole in der **Arktis** bzw. **Antarktis** sind. Mit einem **Kompass** können wir die **Himmelsrichtungen** bestimmen.

Mammut, das

Mammuts gehörten zu den **Elefanten**. Sie lebten in den **Steppen Nordamerikas** und **Asiens**. Ihr dickes **Fell** schützte sie vor der Kälte. Unsere Vorfaren, die **Steinzeit**menschen, machten Jagd auf die Mammuts. Mammuts starben vor etwa 10 000 Jahren, am Ende der letzten **Eiszeit**, aus.

Mann, der

Ein Mann ist ein männlicher Erwachsener. Er hat einen Penis und einen Hodensack, in dem sich die Hoden befinden. In den Hoden werden die Spermien gebildet. Wenn beim Geschlechtsverkehr das weibliche **Ei** von einer **Samen**zelle befruchtet wird, entsteht ein Kind.

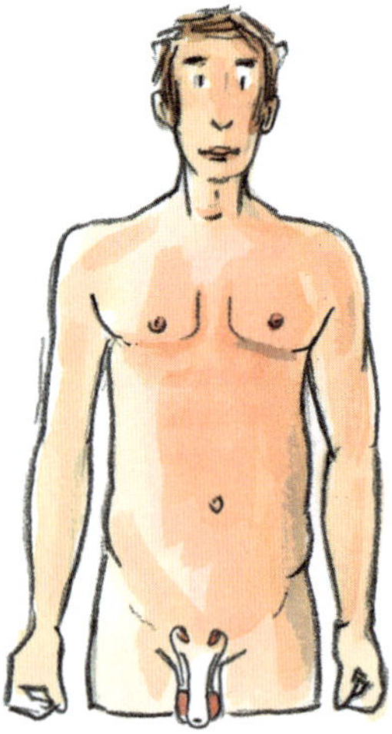

Märchen, das

Märchen sind Erzählungen, in denen wundersame Ereignisse geschehen: Sprechende **Tiere**, Zauberer, Drachen, Zwerge und **Menschen** können sich begegnen.
Ursprünglich wurden Märchen mündlich weitergegeben. Die Brüder Grimm schrieben die Märchen, die sie erzählt bekamen, auf. Die meisten Märchen beginnen mit dem Satz: „Es war einmal …" und haben ein gutes Ende. In allen Ländern der Welt erzählen sich Menschen Märchen.

Marienkäfer, der

Marienkäfer sind nützliche **Insekten**. Mehr als 4500 Arten leben weltweit, in **Deutschland** sind es etwa 80 Arten. Ihre **Larven** und auch die erwachsenen **Tiere** fressen Blatt**läuse**, die im Garten großen Schaden anrichten können. Auf ihren Flügeldeckeln haben Marienkäfer Punkte, die aber nichts über ihr Alter aussagen, sondern von der Art abhängen.

Maschine, die

Eine Maschine besteht aus mehreren Teilen, von denen einige beweglich sind. Sie erleichtert oder übernimmt bestimmte Arbeiten des **Menschen**. Ein **Flaschenzug** ist z. B. eine Maschine, die das Heben erleichtert, ein **Motor** ist eine Antriebsmaschine.

Mathematik, die

Mathematik ist die **Wissenschaft**, die sich mit **Zahlen**, Formen und Mengen und ihrer Beziehung zueinander beschäftigt. Zu den Methoden der Mathematik gehören Rechnen, Messen und Zählen. Die Mathematik ist eine der ältesten Wissenschaften der **Menschen**.

Maulwurf, der

Maulwürfe sind **Säugetiere**. Sie leben in **Europa**, **Nordamerika** und **Asien**. Bei uns gibt es nur eine Art, den Europäischen Maulwurf. Er ernährt sich vor allem von **Insekten** und **Würmern**. Sein unterirdischer Bau besteht aus langen Gängen, Vorratskammern und Nestkammern. Beim Graben schiebt er die Erde mit seinen breiten Vorderfüßen, den Grabschaufeln, an die Oberfläche, so dass Maulwurfshügel entstehen. Maulwürfe sind Einzelgänger, die nur zur Paarungszeit Artgenossen treffen.

Maus, die

Mäuse sind **Nagetiere**. Sie sind artenreich und auf der ganzen Welt verbreitet. Bei uns kommen vor allem die Feldmaus und die Hausmaus vor. Sie leben in unterirdischen Bauen, die lange Gänge und viele Vorratskammern haben. Die Weibchen bekommen mehrmals im Jahr Junge.

Da Mäuse gerne **Getreide** fressen, können sie für den **Menschen** große Schäden anrichten.

Medien, die

Medien sind Mittel, mit denen **Informationen** weitergegeben werden. Dazu gehören unter anderem **Zeitungen**, Zeitschriften, **Bücher**, Plakate, Telefon, Fernsehen, Radio, **Internet** und **CDs**. Medien, mit denen sehr viele **Menschen** erreicht werden können, nennen wir Massenmedien.

Medikament, das

Medikamente sind Mittel zur Vorbeugung, Besserung oder Heilung von **Krankheiten**. Es gibt welche, die z. B. Schmerzen lindern, Entzündungen heilen, oder Impfstoffe, die die Ansteckung etwa mit Masern oder Grippe verhindern. Medikamente bestehen aus chemisch hergestellten oder aus natürlichen Stoffen. Sie werden als Tabletten, Tropfen, Saft, Zäpfchen oder Flüssigkeit, die mit einer Spritze in den **Körper** gelangt, gegeben. Schluckt man eine Tablette, löst sich diese im Dünn**darm** auf. Die **Wirkstoffe** werden in das **Blut** abgegeben und so durch den **Körper** bis zur betroffenen Stelle transportiert. Mit der Einnahme von Medikamenten muss man vorsichtig sein, sie können Nebenwirkungen haben, und nimmt man zu viele, kann das gefährlich werden. Viele Medikamente werden von einem Arzt verschrieben und in der Apotheke gekauft.

Meer, das

Die miteinander verbundenen Gewässer der **Erde** bezeichnen wir als Meere. Sie umgeben die **Kontinente**. Fast zwei Drittel der Erdoberfläche sind vom Weltmeer bedeckt. Wir unterteilen es in **Atlantischen Ozean**, **Pazifischen Ozean**, **Indischen Ozean**, **Nordpolarmeer** und **Südlichen Ozean**. **Nord-** und **Ostsee** gehören zum Atlantischen Ozean. Meerwasser ist immer salzig, der **Salz**gehalt aber verschieden.

Meerschweinchen, das

Meerschweinchen sind **Nagetiere**, die in **Südamerika** vorkommen. In Paaren oder Gruppen leben sie in unterirdischen Bauen. Ihre Nahrung besteht vor allem aus Gräsern, **Samen** und **Früchten**. In Südamerika wurden

Meerschweinchen schon vor mehreren Tausend Jahren als **Haustiere** gehalten. Heute gehören sie auch bei uns zu den beliebtesten Haustieren.

Mensch, der

➡ Siehe Seite 162/163

Menschenrechte, die

„Alle **Menschen** sind frei und gleich an Würde und Rechten geboren" – so steht es in den Menschenrechten der Vereinten Nationen. Egal in welchem Land jemand wohnt, welche **Religion**, welche **Haut**farbe, welche politische Meinung und welchen **Beruf** er hat, ob **Mann** oder **Frau**, ob krank oder gesund – niemand darf benachteiligt werden. Zu den Menschenrechten gehören unter anderem das Recht auf Leben, Meinungsfreiheit, Glaubensfreiheit und dass vor dem **Gesetz** alle gleich sind. Es gibt Länder, in denen gegen Menschenrechte verstoßen wird, z. B. indem Menschen verhaftet werden, die die **Regierung** öffentlich kritisieren.

Meridian, der

➡ Siehe auch: **Längengrad**

Mensch, der

Biologisch gesehen ist der Mensch ein **Säugetier**. Und zwar nicht irgendeines unter vielen, sondern er ist das am weitesten entwickelte Säugetier der Erde. Allerdings sind **Bären** stärker, **Hunde** hören besser, **Geparde** laufen schneller und **Wale** tauchen tiefer. Was also ist so besonders am Menschen? Er hat einen aufrechten Gang. Dadurch sind seine Hände frei und er kann sie geschickt nutzen. Sein **Gehirn** ist groß und weit entwickelt. Der Mensch ist intelligent, lernfähig, kann über sich selbst nachdenken, vorausschauend planen und in die Vergangenheit zurückblicken. Im Laufe der Menschheitsgeschichte hat er **Schrift** und **Sprache** entwickelt, er hat **Kultur** geschaffen und die **Umwelt** nach seinen Bedürfnissen gestaltet. Menschen haben Fantasie, moralische Werte und sie empfinden Mitgefühl mit anderen. All das kann nur der Mensch.

Aber an welcher Stelle der Entwicklungsgeschichte der Arten entstand der Mensch? Das ist lange her, sehr kompliziert und schwierig herauszufinden, so dass wir vieles nur vermuten können: Menschen und Menschenaffen haben die gleichen Vorfahren, besonders eng ist die Verwandtschaft zwischen Schimpansen und Menschen.

Ihre gemeinsame Entwicklungslinie spaltete sich vor vielen Mio. Jahren und beide entwickelten sich getrennt voneinander weiter. Eine Stufe zum modernen Menschen war der Homo habilis, der „geschickte

Mensch", der vor etwa zwei Mio. Jahren lebte. Sein Gehirn war bereits deutlich größer als das seiner Vorfahren und er stellte **Werkzeuge** aus Stein her. Ihm folgte einige Hunderttausend Jahre später der „aufrechte Mensch", der Homo erectus. Er konnte mit Feuer umgehen und jagte mit Waffen. Der moderne, „verstehende Mensch", der Homo sapiens, zu dem auch wir gehören, entstand vermutlich vor etwa 300 000 Jahren in Afrika. Von dort aus besiedelte er im Laufe der Zeit auch **Europa**. Bis heute hat der Mensch sich immer weiter entwickelt und das wird er wohl auch in Zukunft tun.

Metall, das

Metalle sind Stoffe, die undurchsichtig, glänzend, bei hoher Hitze formbar und, bis auf Quecksilber, bei Zimmer**temperatur** fest sind. Sie leiten **Strom** und Wärme. Eisen, Aluminium, Kupfer, aber auch Gold und Platin gehören zu den Metallen. Viele Gegenstände sind aus Metallen gefertigt oder enthalten Metalle, z. B. Töpfe, Schrauben, Schmuck und Büroklammern. In der **Natur** kommen die meisten Metalle in Gesteinen vor.
Sie werden in Bergwerken abgebaut und dann aufwendig aus den Steinen gewonnen. Nur Edelmetalle wie etwa Gold kommen in reiner Form vor.

Meteorit, der

Ein Meteorit ist ein Fels- oder **Metall**brocken aus dem **Weltall**, der in die **Erdatmosphäre** eindringt und auf die **Erde** fällt. Die meisten Meteorite sind sehr klein. Wissenschaftler vermuten aber, dass vor etwa 65 Mio. Jahren ein riesiger Meteorit in der Nähe von Mexiko einschlug und dies einer der Gründe für das Aussterben der **Dinosaurier** und Tausender anderer **Tier**arten war.

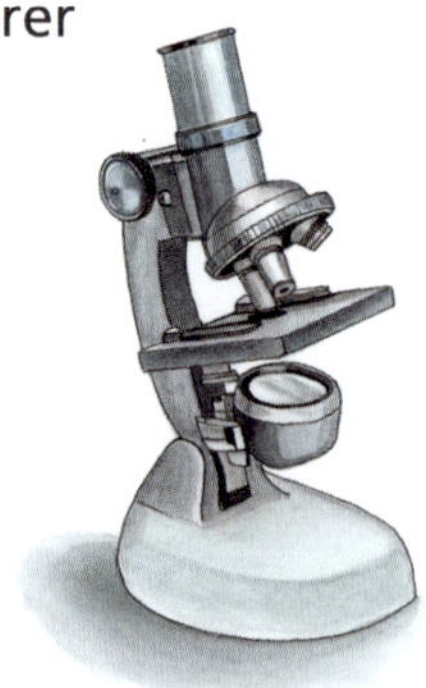

Mikroskop, das

Ein Mikroskop vergrößert sehr kleine Objekte, die für das **Auge** sonst nicht oder nur ungenau zu erkennen sind.

Wissenschaftler nutzen Mikroskope für die Erforschung unserer **Umwelt** und für medizinische Untersuchungen. Betrachtet ein Arzt einen Tropfen **Blut** unter dem Mikroskop, erkennt er die Blutkörperchen und sieht, ob sie gesund sind.

Milchstraße, die

➡ Siehe auch: **Galaxie**

Mineralien, die

Mineralien sind natürliche Stoffe, die nicht von Lebewesen stammen. Gold, Diamanten, Salze, Gips und auch Eis gehören dazu. Außerdem bestehen alle Gesteine aus Mineralien. Insgesamt kommen weltweit etwa 4000 Mineralien vor.

Mittelalter, das

Als Mittelalter bezeichnen wir die Zeit der europäischen Geschichte zwischen 500 und 1500 n. Chr. Die mittelalterliche Gesellschaft war in drei Schichten unterteilt, die sogenannten Stände. Die meisten **Menschen** waren Bauern, Handwerker oder Bedienstete. Sie bildeten den dritten Stand. Geistliche, also Priester, Mönche und Nonnen, gehörten dem zweiten Stand an. Nur wenige, aber sehr mächtige Menschen zählten zum ersten Stand: dem Adel.

An seiner Spitze stand der König oder Kaiser. Das Leben im Mittelalter war hart. Oft herrschten **Hungers**nöte und es gab schlimme **Krankheiten**.

Mobbing, das

Von Mobbing sprechen wir, wenn ein **Mensch** über einen längeren Zeitraum immer wieder von anderen gequält, ausgegrenzt, bedroht, beleidigt, schikaniert oder körperlich bedrängt wird. Der Begriff stammt von dem englischen Wort „to mob" ab, das bedeutet „schikanieren, angreifen".

Mode, die

Mode ist das, was für eine gewisse **Zeit** von einer bestimmten Gruppe von **Menschen** als zeitgemäß wangesehen wird. Das betrifft z. B. die Bereiche Kleidung, Farben, Frisuren, Möbel und **Musik**stile.

Auch eine gewisse Art, sich zu geben, oder besondere Verhaltensweisen können für eine Weile modern sein. Mode wandelt sich ständig.

Mond, der

Ein Mond ist ein Himmelskörper, der um seinen Nachbarplaneten kreist. Unser Erdmond braucht für einen Umlauf um die **Erde** einen Monat. Seine Entfernung zur Erde beträgt etwa 380 000 km. Da der Mond keine schützende **Atmosphäre** hat, herrschen auf seiner Oberfläche starke **Temperatur**schwankungen. Der Mond leuchtet nicht selbst, er wird von der Sonne angestrahlt. Im Laufe eines Monats durchläuft er die Mondphasen: Vollmond, abnehmender Mond, Neumond, zunehmender Mond. Diese Mondphasen hängen von seiner Stellung zur Sonne ab und wie sie ihn beleuchtet. Auch andere **Planeten** haben Monde.

Zunehmender Mond Vollmond Abnehmender Mond

Mondlandung, die

Am 21. Juli 1969, 3:56 Uhr Mitteleuropäischer Zeit, betrat Neil Armstrong als erster **Mensch** den **Mond**. Zusammen mit Edwin Aldrin und Michael Collins nahm er an der amerikanischen **Apollo-11**-Mission teil, deren Aufgabe es war, Gesteinsproben mitzubringen und den Mond zu erforschen. Es folgten noch fünf weitere erfolgreiche bemannte Mondlandungen bei Apollo-Missionen, die letzte 1972. Insgesamt waren bislang zwölf Menschen auf dem Mond.

Moor, das

Moore sind feuchte, pflanzenreiche **Lebensräume**, die in Gebieten entstehen können, in denen mehr **Niederschlag** fällt als abfließt. Die absterbenden Pflanzenteile werden auf dem nassen Untergrund nicht vollständig abgebaut. Es wachsen mehr **Pflanzen** nach als verfaulen, dadurch legen sich Pflanzenschichten aufeinander. Aus den Pflanzenresten entsteht langsam Torf, der früher gestochen, getrocknet und dann als Brennstoff genutzt wurde. Die Entstehung eines Moores dauert mehrere Tausend Jahre.

Moschee, die

Eine Moschee ist ein islamisches **Gott**eshaus. Hier treffen sich Muslime zum Gebet und um die Predigt zu hören. Viele Moscheen haben hohe, schmale Türme, Minarette genannt.

Von dort aus ruft der Muezzin, der Vorbeter, die Gläubigen fünfmal am Tag zum Gebet.

Motor, der

Ein Motor ist eine **Maschine**, die etwas in Bewegung versetzt. Im Motor wird eine **Energie**form, z. B. Wärmeenergie, in Bewegungsenergie umgewandelt. Viele **Autos** haben einen Verbrennungsmotor.

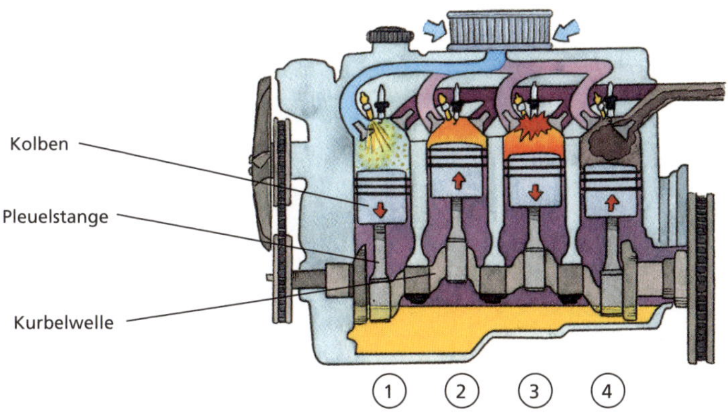

1 Kraftstoff (Benzin) und **Luft** werden angesaugt.
2 Ein Kolben drückt das Gemisch zusammen.
3 Es wird entzündet und es kommt zu einer kleinen Explosion. Durch den Druck wird der Kolben im Zylinder nach unten gedrückt.
4 Die entstandenen **Abgase** werden dann aus dem Zylinder hinausgedrückt. Diese Bewegung der Kolben wird auf die Pleuelstangen übertragen, eine Drehbewegung entsteht, die schließlich die Räder des Autos antreibt.

Motorrad, das

Ein Motorrad ist ein zweiräderiges Fahrzeug, das von einem **Motor** angetrieben wird. 1885 baute Gottlieb Daimler ein erstes Motorrad, den sogenannten Reitwagen, indem er einen Motor an ein Holzzweirad mit Stützrädern montierte. Heute gibt es Motorroller, Straßen- und Geländemotorräder. Zum Motorradfahren braucht man einen besonderen Führerschein. Die Fahrer tragen Schutzhelme und meist auch Schutzkleidung.

Möwe, die

Möwen sind **Vögel**, die an den **Meer**esküsten und den großen **Seen** der kühlen, gemäßigten **Klimazonen** leben. Sie ernähren sich von **Fischen**, **Muscheln** und **Krebsen**, aber auch von Abfällen. Sie trinken Meerwasser und scheiden das **Salz** durch Salzdrüsen wieder aus. Auch bei starkem **Wind** können sie geschickt fliegen.

Mücke, die

Mücken gehören zu den zweiflügeligen **Insekten**. Es gibt weltweit viele Tausend Mückenarten. Bei uns ist die Stechmücke verbreitet. Die Weibchen saugen **Blut**, das sie für die Entwicklung der **Eier** brauchen, die Männchen ernähren sich von **Pflanzen**saft. Stechmücken leben in Wassernähe, da sie die **Larven**zeit im Wasser verbringen. Es gibt Mückenarten, die **Krankheiten** übertragen. Dazu gehören die Anopheles-Mücken, die in tropischen Gebieten leben und **Menschen** durch ihren Stich mit Malaria anstecken können.

Müll, der

Täglich fallen auf der Welt riesige Abfallmengen an. Diese zu beseitigen, ist ein großes **Umwelt**problem. Am besten ist es, Müll zu vermeiden. Geht das nicht, sollten wir versuchen, möglichst viel davon wiederzuverwerten. **Glas**, **Papier** und Verpackungsstoffe sammeln wir getrennt, aus ihnen können wieder Rohstoffe gewonnen werden. Es gibt Abfälle, die giftig (→ **Gift**) sind und besonders gelagert werden müssen.

Mumie, die

Eine Mumie ist ein toter **Körper**, der vor der Verwesung, also vor dem Zerfallen, geschützt wurde. Im alten Ägypten glaubten die **Menschen** an ein Leben nach dem **Tod**. Sie wollten den Körper eines Verstorbenen erhalten. Dafür entnahmen sie das **Gehirn** und fast alle **Organe**. Die **Haut** rieben sie mit Salben und Flüssigkeiten ein und umwickelten den Körper mit Stoff. Dann legten sie ihn in den Sarg und in eine Sargkammer.
Der Tote verweste nicht. Jahrtausende später wurden die Mumien entdeckt.

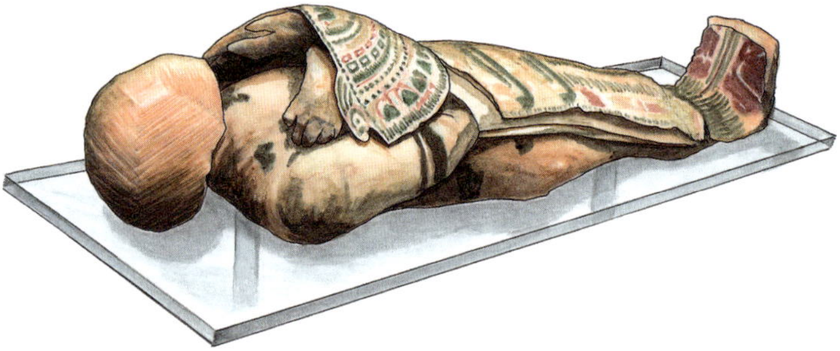

Muschel, die

Muscheln gehören zu den **Weichtieren**. Sie leben im **Wasser** und kommen auf der ganzen Welt vor. Ihr Körper wird von einer zweiteiligen harten Kalkschale umschlossen, die sie mit einem **Muskel** öffnen und schließen können.

Die meisten Muscheln ernähren sich von **Plankton**. Bei uns finden wir vor allem Miesmuscheln und Herzmuscheln. Manche sind für uns essbar.

Musik, die

Musik besteht aus Tönen und Geräuschen. Zu einem Musikstück gehören Melodie, **Rhythmus** und Harmonie. Eine Melodie ist eine geordnete Abfolge von Tönen. Zur Melodie gehört der Rhythmus, also die Dauer der einzelnen Töne. Eine Harmonie entsteht, wenn mehrere Töne gleichzeitig gespielt werden. Es gibt sehr viele Musikstile, z.B. Klassik, Popmusik, Rockmusik und Jazz. Musikstücke werden mit Hilfe von Noten aufgeschrieben. Bei allen Völkern der Welt gibt es Musik und wahrscheinlich gibt es das Singen und Musizieren schon so lange, wie es **Menschen** gibt.

Musikinstrument, das

Mit Musikinstrumenten können wir Töne erzeugen, um **Musik** zu machen. Wir unterscheiden Holzblasinstrumente, Blechblasinstrumente, Tasteninstrumente, Saiteninstrumente und Schlaginstrumente.

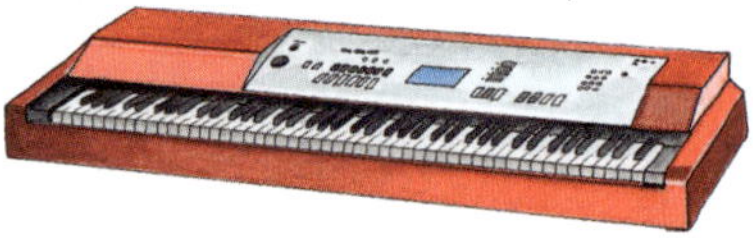

Keyboard

Saxofon

Klarinette

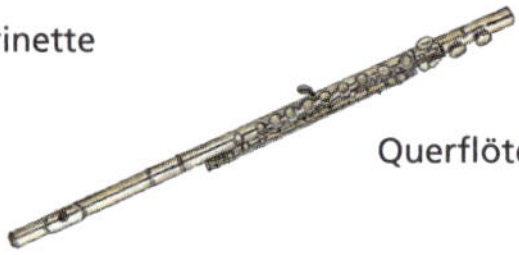

Querflöte

Der Flügel ist eine besondere Form des Klaviers.

Geige

Gitarre

E-Gitarre

Schlagzeug

Muskel, der

Muskeln brauchen wir, um uns zu bewegen. Wir haben Muskeln, die wir bewusst einsetzen können, z.B. um eine Buchseite umzublättern oder einen Ball zu werfen.

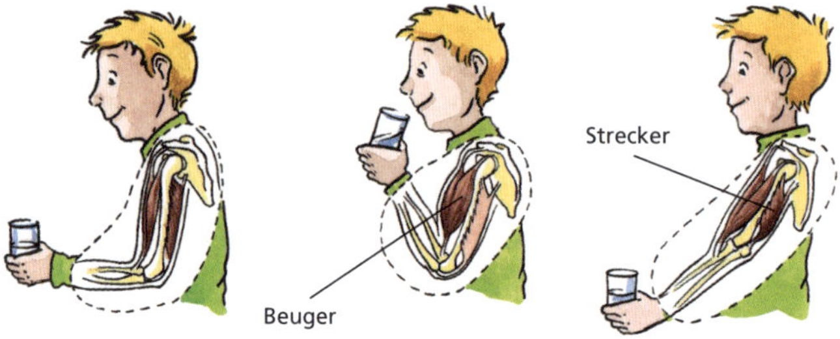

Andere Muskeln, etwa das **Herz** und die **Darm**muskeln, arbeiten, ohne dass wir sie beeinflussen können. Da ein Muskel sich zwar aktiv zusammenziehen, aber nicht aktiv dehnen kann, müssen für viele Bewegungen zwei Muskeln, ein Strecker und ein Beuger, zusammenarbeiten. Durch Bewegung und Training können wir Muskeln aufbauen. Muskeln, die nie oder wenig beansprucht werden, bilden sich zurück. Wenn wir einen Muskel überanstrengen, bekommen wir Muskelkater.

Nadelbaum, der

Nadelbäume wachsen vor allem auf der nördlichen Halbkugel der **Erde**. Ihre Stämme tragen viele Zweige, die meist zur Spitze hin kürzer werden, dadurch entsteht die typische **Pyramiden**form. Weil die Blätter schmal, hart und spitz sind, wirken sie wie Nadeln. Anders als **Laubbäume** sind bis auf die Lärchen alle Nadelbäume immergrün, das heißt, dass sie ihre **Blätter** im Herbst nicht abwerfen. Obwohl man es kaum sieht, gehören sie zu den **Blüten**pflanzen. Die weibliche Blüte entwickelt sich zum Zapfen, in dem die **Samen** offenliegen. Darum werden sie zu den Nacktsamern gezählt. In unseren **Wäldern** stehen mehr Nadel- als Laubbäume, vor allem Fichten, Kiefern und Tannen. Da sie schnell wachsen, wird ihr Holz häufig zum Bau von Möbeln verwendet. Die größten Nadelbäume sind Küstenmammutbäume. Sie kommen an der Westküste **Nordamerikas** vor und können 115 Meter hoch werden.

Nagetier, das

Nagetiere gehören zu den **Säugetieren**. Es gibt weltweit etwa 2500 Arten. Sie haben im Ober- und Unterkiefer je zwei lange, leicht gebogene Nage**zähne**, die ständig wachsen. Die meisten Nagetiere ernähren sich vor allem von **Pflanzen**. **Mäuse**, **Biber**, Murmeltiere und **Eichhörnchen** gehören zu den Nagetieren.

Nährstoff, der

Nährstoffe sind Nahrungsbestandteile, die ein **Lebewesen** zum Leben braucht. Zu den Nährstoffen gehören z. B. Eiweiße, Fette, Kohlenhydrate und **Vitamine**. Ein längerer Mangel an Nährstoffen kann krank machen.

Nahrungsnetze, die

Die Beziehungen zwischen **Lebewesen**, die sich voneinander ernähren, nennen wir Nahrungsnetz. Am Anfang der Nahrungskette stehen die **Pflanzen**. Sie dienen vielen **Tieren**, wie etwa **Hasen**, als Nahrung. Diese Tiere werden dann wiederum selbst gefressen, z. B. vom **Fuchs**. Stirbt der Fuchs, wird sein **Körper** von kleinsten Lebewesen zersetzt.

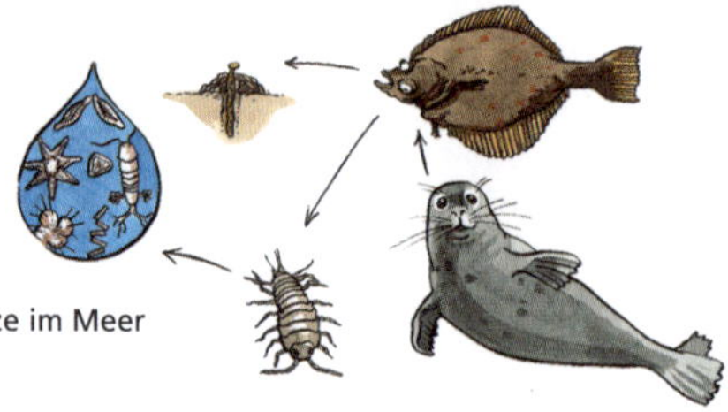

Nahrungsnetze im Meer

Die **Nährstoffe**, die dabei entstehen, nehmen die **Wurzeln** der **Pflanzen** wieder auf. Auch im **Meer** gibt es Nahrungsnetze. Am Ende mancher Nahrungsnetze steht der **Mensch**, z. B. wenn wir **Fisch** oder Fleisch essen.

Nase, die

Die Nase ist gleichzeitig **Sinnesorgan** und **Atmungsorgan**. Die Atemluft wird in der Nase angewärmt, angefeuchtet und durch die kleinen Härchen gereinigt, bevor sie in die **Lunge** gelangt. Im oberen Teil der Nase befinden sich die Riechzellen. Wenn wir Schnupfen haben, verdeckt der Schleim diese **Zellen** und unser Riechvermögen ist eingeschränkt. Den feinsten Geruchssinn der Welt hat, soweit wir wissen, der **Aal**.

Nashorn, das

Nashörner sind **Säugetiere**. Sie fressen **Pflanzen** und leben als Einzelgänger in den **Steppen Afrikas** und **Asiens**. Nashörner sehen schlecht, dafür sind ihr Gehör und ihr Geruchssinn sehr gut ausgeprägt. Obwohl sie schwerfällig aussehen, können Nashörner schnell rennen.

Nationalsozialismus, der
Nationalsozialismus ist eine Weltanschauung, deren Vertreter sich in der Nationalsozialistischen Deutschen Arbeiterpartei (NSDAP) organisiert hatten. Diese **Partei** kam in **Deutschland** 1933 unter der Führung von Adolf Hitler an die Macht. Die Nationalsozialisten (auch Nazis genannt) waren davon überzeugt, dass Deutsche mehr wert waren als alle anderen und ihnen daher mehr Rechte zustanden. **Menschen** mit anderer Herkunft, anderer Hautfarbe, anderen Ansichten, anderem Glauben oder mit Behinderung wurden verachtet und verfolgt. Der Hass auf **Juden** war besonders groß. Ab 1938 verfolgten und verhafteten die Nazis Juden und andere „Feinde". Viele wurden in große Lager, Konzentrationslager genannt, gebracht. Die Bedingungen dort waren schlimm. Millionen Menschen wurden in den KZs umgebracht oder starben an Krankheiten. Außerdem wollten die Nationalsozialisten das deutsche Staatsgebiet vergrößern. Von 1939 bis 1945 führten sie gegen viele Länder (u.a. Frankreich, England, USA und Sowjetunion) einen großen Krieg, den Zweiten Weltkrieg, der mit der Niederlage Deutschlands endete. Insgesamt starben in der Zeit des Nationalsozialismus etwa 65 Millionen Menschen.

Natur, die

Zur Natur gehört alles, was ohne menschlichen Einfluss auf der **Erde** und auch im **Weltall** vorhanden ist. **Tiere**, **Pflanzen**, **Meer** und Berge, aber auch das **Wetter**, die Luft, die Landschaften und **Sterne** zählen wir zur Natur.

Naturschutz, der

Alles, was der Erhaltung und dem Schutz der **Tier**- und **Pflanzen**arten, der Landschaften und Lebensräume dient, nennen wir Naturschutz.

Naturwissenschaft, die

Naturwissenschaft ist der Überbegriff für die **Wissenschaften**, die sich mit der Erforschung der Natur befassen. Dazu gehören z. B. Astronomie, **Biologie**, **Chemie** und **Physik**.

Nebel, der

Nebel ist eine **Wolke**, die den Boden berührt und die Sicht behindert. In der **Luft** ist immer **Wasserdampf** enthalten. Kühlt warme, feuchte Luft in der Nähe des Erdbodens ab, kann sie nicht mehr so viel Wasserdampf halten und es bilden sich Wassertröpfchen. Sie sind fein verteilt und so leicht, dass sie nicht auf den Boden fallen. Von Nebel spricht man, wenn die Sicht höchstens 1000 m beträgt, sie kann aber auch viel geringer sein.

N

Nerv, der

Nerven sind Leitungen, durch die **Informationen** und Befehle in unserem **Körper** an das **Gehirn** übermittelt werden. Nerven bestehen aus **Zellen**. Wenn wir z. B. mit der Hand einen heißen Topf berühren, wird diese Empfindung von den Nerven über das Rückenmark an das Gehirn weitergegeben. Das Gehirn sendet dann über die Nerven an den Arm den Befehl, die Hand zurückzuziehen. Die Gesamtheit der Nerven nennen wir Nervensystem.

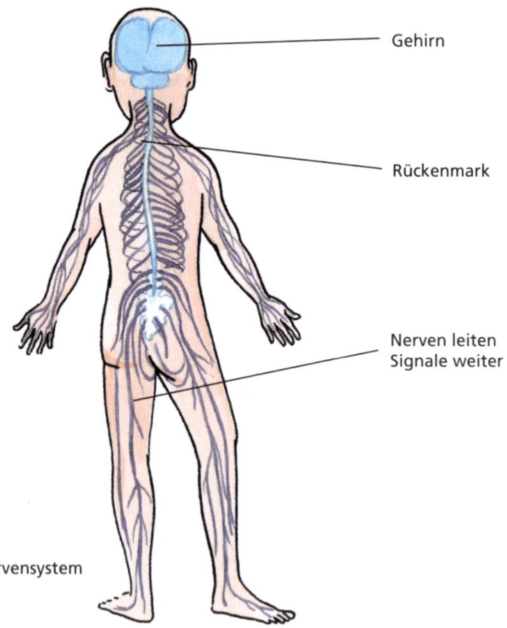

Nervensystem

Nest, das

Einige **Tiere** bauen Nester, um in ihnen ihren Nachwuchs aufzuziehen und Schutz zu suchen. **Vögel**, **Insekten** (z. B. Wespen und Hummeln) und manche **Säugetiere** (z. B. Eichhörnchen) sind Nestbauer. Jungtiere, die nach der **Geburt** schnell das Nest verlassen und selbstständig werden, nennen wir Nestflüchter. Müssen die Jungen länger gefüttert und beschützt werden, sprechen wir von Nesthockern.

Neuzeit, die

Die Zeit seit dem Ende des **Mittelalters** (etwa 1500 n. Chr.) bis heute nennen wir Neuzeit.

Niederschlag, der

Als Niederschlag bezeichnen wir **Wasser**, das aus den **Wolken** fällt. Dazu gehört in flüssiger Form der **Regen**, in fester Form **Schnee**, **Hagel** oder Graupel.

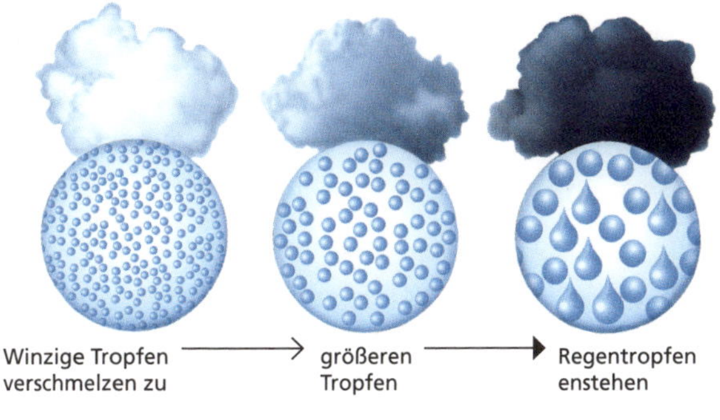

Niere, die

Die Niere ist ein paariges **Stoffwechselorgan**, das rechts und links der Wirbelsäule knapp unter den Rippen liegt. Die Nieren reinigen das **Blut**. Die nützlichen Inhaltsstoffe transportiert das Blut weiter durch den Körper. Die Abfallstoffe filtern die Nieren heraus, sie werden über den Harnleiter in die **Harnblase** geleitet und dann mit dem Urin ausgeschieden.

Nordamerika

Karibu

Nordamerika ist der drittgrößte **Kontinent**. 23 Staaten zählen dazu, unter ihnen Kanada, die USA, Mexiko und die Länder Mittelamerikas, also z. B. Guatemala, Kuba und Haiti. Etwa 480 Mio. **Menschen** leben in Nordamerika. Die USA und Kanada sind reiche Länder, Haiti gehört zu den ärmsten der Welt. Nordamerika reicht vom hohen Norden bis weit in den Süden, darum gibt es zahlreiche **Klimazonen**. Entsprechend vielfältig sind die Tierarten: **Eisbären**, Elche und **Biber** im Norden, Alligatoren, **Affen** und **Papageien** im Süden. Im Westen des Kontinents treffen zwei Kontinentalplatten aufeinander, so dass es dort häufig zu **Erdbeben** kommt.

➡ Siehe auch: **Weltkarte**, Seite 282/283

Nordpol, der

Der Nordpol ist die Stelle der nördlichen Erdhalbkugel, die am weitesten vom **Äquator** entfernt liegt. Er befindet sich mitten im **Nordpolarmeer**. Vom Nordpol aus kann man nur Richtung Süden gehen. Die gedachte Linie durch die Erde zwischen Nordpol und **Südpol** nennen wir Erdachse.

➡ Siehe auch: **Weltkarte**, Seite 282/283

Nordpolarmeer, das

Das Nordpolarmeer ist der kleinste **Ozean**. Es liegt in der **Arktis**. Im Durchschnitt ist es zwischen 2000 und 4000 m tief. Große Gebiete des Nordpolarmeeres sind das ganze Jahr über von Eis bedeckt.

➡ Siehe auch: **Weltkarte**, Seite 282/283

Nordsee, die

Die Nordsee ist ein Randmeer des **Atlantischen Ozeans**. Durchschnittlich ist sie nur etwa 90 m tief. Die Nordsee ist Lebensraum für viele **Tier**arten; **Seehunde**, Schweinswale, Schollen, **Krebse** und **Muscheln** gehören dazu. Viele **Flüsse**, z. B. Elbe, Weser und Rhein, münden in die Nordsee. Die Küsten der angrenzenden Länder sind durch die **Gezeiten** geprägt. An der deutschen und niederländischen Nordseeküste befindet sich ein ausgedehntes **Watt**enmeer.

Menschen nutzen die Nordsee intensiv für den Fischfang und zur Förderung von **Erdöl**. Viele **Schiffe** fahren täglich über die Nordsee.

➡ Siehe auch: **Weltkarte**, Seite 282/283

Nutztier, das

Tiere, die von **Menschen** wirtschaftlich genutzt werden, nennen wir Nutztiere. Dazu gehören z.B. Kühe, von denen wir Milch bekommen, von Hühnern verwenden wir die Eier, von Honig**bienen** den Honig. **Rinder**, Hühner und **Schweine** werden geschlachtet, damit wir das Fleisch essen können.

Obdachlosigkeit, die

Menschen, die keine Wohnung haben und stattdessen im Freien oder in Notunterkünften übernachten müssen, sind obdachlos. Ein wichtiger Grund für Obdachlosigkeit ist bei uns **Armut**. Auslöser dafür kann **Arbeitslosigkeit** sein. Häufig kommen weitere Probleme dazu, wie etwa ein familiärer Schicksalsschlag, eine **Sucht** oder eine andere **Krankheit**. In **Deutschland** muss jedem Obdachlosen eine Unterbringung ermöglicht werden, z. B. in einer Notunterkunft. Ein Obdachloser muss diese aber nicht annehmen. In anderen Ländern gehören auch **Kriege** sowie Naturkatastrophen zu den Ursachen von Obdachlosigkeit, das können z. B. **Erdbeben** sein, durch die Häuser zerstört wurden.

Obst, das

Essbare **Früchte** bezeichnen wir als Obst. Meist ist es süßlich und wird roh gegessen. Obst entsteht aus der **Blüte** von mehrjährigen **Pflanzen** – **Gemüse** hingegen wächst meist an einjährigen Pflanzen. Wir unterscheiden Steinobst (Pflaumen, Kirschen), Kernobst (Äpfel, Birnen) und Beerenobst (Himbeeren, Brombeeren). Zum Obst zählen auch Nüsse.

O

Ohr, das

Das Ohr gehört zu unseren **Sinnesorganen**. Es ist unterteilt in das Außenohr, das Mittelohr und das Innenohr. Die Ohrmuschel fängt **Schall**wellen auf, die durch den Gehörgang zum Trommelfell geleitet werden und es in Schwingung versetzen. Dadurch geraten auch die Gehörknöchelchen im Mittelohr in Bewegung. Sie geben die Schallwellen in das Innenohr an die mit Flüssigkeit gefüllte Schnecke weiter. Hier befinden sich die eigentlichen Hör**zellen**, die durch die Schwingungen gereizt werden. Über **Nerven**-zellen gelangen diese Reize in das **Gehirn** – wir hören. Im Innenohr befindet sich auch das Gleichgewichtsorgan. Ohrenschmalz wird im Gehörgang hergestellt. Er transportiert Fremdkörper aus dem Ohr heraus und kann **Krankheit**serreger bekämpfen.

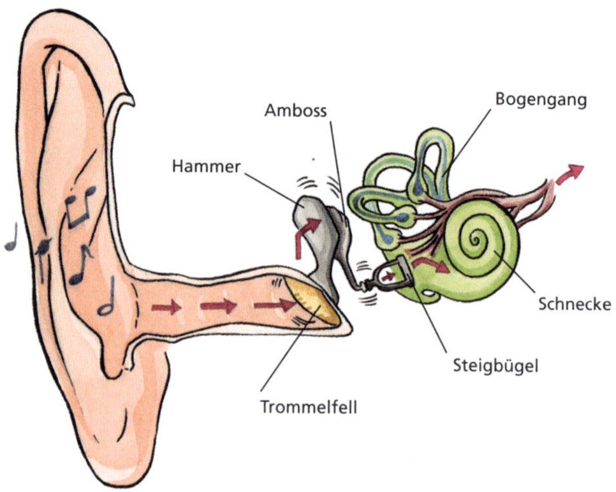

Ökologie, die

Ökologie ist die **Wissenschaft**, die die Beziehung der Lebewesen untereinander und zu ihrer **Umwelt** erforscht.

Ökosystem, das

Ein Ökosystem bezeichnet einen Lebensraum mit allen darin vorkommenden Lebewesen, den Umweltbedingungen, wie **Wetter** und Bodenbeschaffenheit, und den Beziehungen dieser Gegebenheiten untereinander. Zu den Ökosystemen gehören z. B. der **Wald**, das **Meer**, das **Moor** oder die **Wüste**.

Olympische Spiele, die

Olympische Spiele sind Wettkämpfe, bei denen alle vier Jahre **Sport**ler aus aller Welt gegeneinander antreten. Bei den Sommerspielen werden Wettkämpfe in etwa 28 Sportarten ausgetragen, dazu gehören Leichtathletik, Fechten, Schwimmen, Kunstturnen, Gewichtheben und Rudern. Bei den Winterspielen sind es ungefähr acht Sportarten, z. B. Skisport, Eiskunstlauf, Eishockey und Bobfahren. Paralympics heißen die Wettkämpfe für Menschen mit **Behinderung**. Die Austragungsorte der Olympischen Spiele wechseln jedes Mal in ein anderes Land. Die ersten Olympischen Spiele wurden zwischen 776 v. Chr. und 393 n. Chr. in der griechischen Stadt Olympia ausgetragen. Die Grundidee war, dass sich Sportler aus verschiedenen

Ländern friedlich messen und der faire Wettkampf wichtiger sein sollte als der Sieg. 1894 hatte dann der Franzose Pierre de Coubertin die Idee, die Spiele wieder aufleben zu lassen. 1896 wurden sie erstmals in der Neuzeit in der griechischen Stadt Athen wieder abgehalten und seitdem bis auf wenige Ausnahmen alle vier Jahre.

Die fünf Ringe stehen für die fünf Erdteile, aus denen die Sportler kommen.

Oper, die

Eine Oper ist gleichzeitig ein **Musik**werk und ein **Theater**stück. Die Texte werden von Sängern gesungen, das Stück von einem **Orchester** begleitet. Die Sänger tragen Kostüme und stehen auf einer großen Bühne mit Bühnenbild. Vor ihnen im Orchestergraben spielt das Orchester. Die Oper entstand vor etwa 400 Jahren in Italien. Wolfgang Amadeus Mozart und Giuseppe Verdi komponierten viele berühmte Opern. Dazu gehören „Die Zauberflöte" von Mozart und „Aida" von Verdi.

Orchester, das

Eine größere Gruppe von Musikern, die zusammen **Musik**stücke spielen, nennen wir Orchester. Es gibt verschiedene Arten von Orchestern, die sich durch ihre Größe und die Besetzung unterscheiden. Ein Sinfonieorchester besteht aus etwa 50 bis 100, ein Kammerorchester aus 10 bis 20 Musikern.

Auf welchen **Musikinstrumenten** gespielt wird, legt der **Komponist** des Werkes fest. Meist sind Streichinstrumente, Blasinstrumente und Schlaginstrumente dabei. Ein Dirigent leitet das Orchester.

Organ, das

Ein Organ ist ein abgegrenzter Körperteil, der eine bestimmte Aufgabe im **Körper** übernimmt. **Herz**, **Auge** und **Haut** sind z. B. Organe.

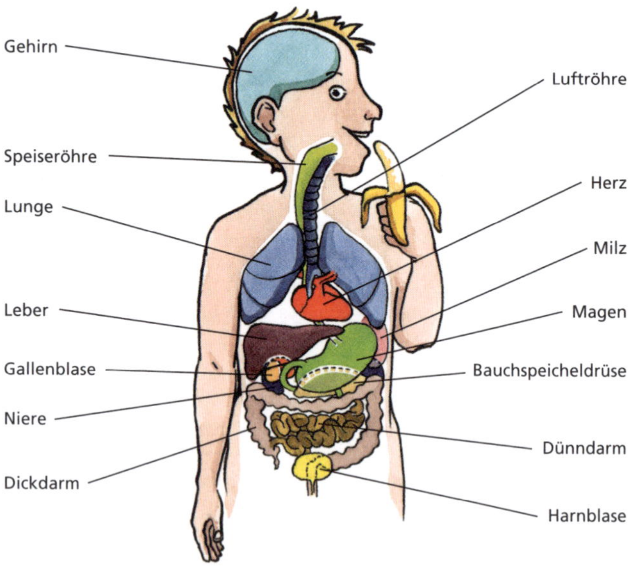

Österreich

Österreich ist ein europäisches Land mit etwa 8,8 Mio. Einwohnern. Landessprache ist Deutsch. Österreich ist unterteilt in neun Bundesländer: Burgenland, Kärnten, Niederösterreich, Oberösterreich, Salzburg, Steiermark, Tirol, Vorarlberg und Wien. In der Hauptstadt Wien leben rund 1,9 Mio. **Menschen**. Etwa zwei Drittel des Landes sind von den **Alpen** bedeckt, vor allem der westliche Teil. Der höchste Berg ist der Großglockner mit 3798 Metern. Für die **Wirtschaft** spielen neben der **Industrie** auch Tourismus und **Landwirtschaft** eine wichtige Rolle. Österreich ist eine **Demokratie** und Mitglied der **Europäischen Union**.

Ostsee, die

Die Ostsee ist ein Nebenmeer des **Atlantischen Ozeans**. Der **Salz**gehalt ist hier nicht so hoch wie im Atlantik oder in der **Nordsee**. Die **Gezeiten** beeinflussen die Ostsee kaum. Die durchschnittliche Wassertiefe liegt bei etwa 50 m. Wegen der starken Verschmutzung und Schadstoffbelastung der Ostsee sind viele **Tier**- und **Pflanzen**arten bedroht. In manchen Gebieten ist ein Leben kaum noch möglich.

Ozean, der

Die größten **Meere** der Erde nennen wir Ozeane. Es gibt den **Atlantischen Ozean**, den **Pazifischen Ozean**, den **Indischen Ozean**, das **Nordpolarmeer** und den **Südlichen Ozean**.

➡ Siehe auch: **Weltkarte**, Seite 282/283

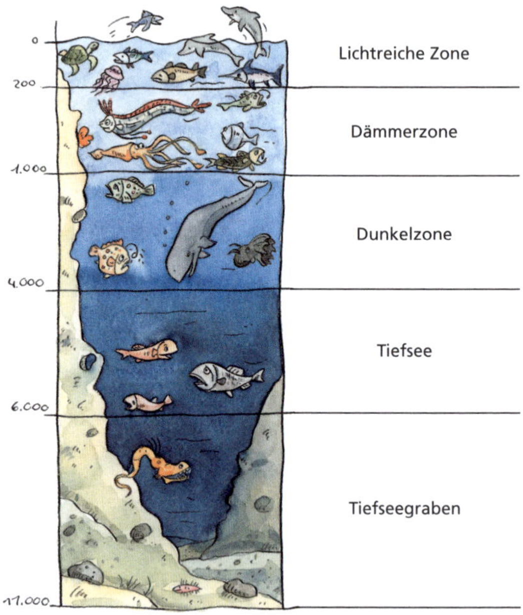

Ozeane sind in
Stockwerke unterteilt

Papagei, der

Papageien sind **Vögel**, die nur in den **Tropen** und Subtropen vorkommen. Sie sind geschickte Kletterer und nehmen dafür ihren kräftigen, gekrümmten Schnabel und die Kletterfüße zu Hilfe. Sie ernähren sich von **Früchten**, **Samen**, **Blättern** und **Wurzeln**. Papageien leben meistens in Schwärmen zusammen. In Gefangenschaft gelingt es häufig, ihnen das Nachsprechen von Wörtern beizubringen. Zu den Papageien gehören auch Kakadus, Aras und Loris.

Papier, das

Für **Bücher** und **Zeitungen**, für Verpackungen, Tapeten und Taschentücher brauchen wir Papier. Meistens wird es aus Holz hergestellt. Dafür wird das Holz zerkleinert und mit viel **Wasser** und etwas Leim zu einem Brei vermischt. Dieser wird auf Rüttelsiebe gegeben, das Wasser läuft ab und der Brei verteilt sich zu einer gleichmäßigen Schicht. Die Schicht läuft zwischen Walzen hindurch, wird gepresst und getrocknet – das Papier ist fertig. Auch aus Altpapier und anderen, schneller nachwachsenden Pflanzen kann Papier produziert werden. Schon vor etwa 2000 Jahren stellten die **Menschen** in China Papier her.

Partei, die

Wenn **Menschen** eines Landes gleiche oder ähnliche politische (➡ siehe: **Politik**) Meinungen und Ziele verfolgen, können sie sich in einer Partei zusammenschließen. Sie treten gemeinsam für ihre Ideen ein, können Kandidaten bei **Wahlen** aufstellen und Einfluss auf politische Entscheidungen nehmen, wenn sie gewählt werden. In einer **Demokratie** gibt es viele Parteien, in einer **Diktatur** meist nur eine.

Pass, der

Jeder **Mensch** bekommt von einer **staat**lichen Behörde seines Landes ein Dokument, auf dem Name, Geburtsdatum, Wohnort, Größe und **Augen**farbe vermerkt sind. Diesen Pass legt er vor, wenn genau festgestellt werden muss, wer er ist, z. B. bei Flugreisen. Ein Pass ist im Inland und im Ausland gültig.

Pazifischer Ozean, der

Der Pazifische Ozean ist das größte und tiefste Welt**meer**. Seine Fläche ist größer als die aller **Kontinente** zusammen. Am Boden des Pazifiks liegen beinahe die Hälfte aller **Vulkane**. Diesen Vulkangürtel nennen wir den Pazifischen Feuerring. Die tiefste Stelle aller Meere ist etwa 11 000 m tief, heißt Witjastief 1 und befindet sich im westlichen Teil des Pazifischen Ozeans.

➡ Siehe auch: **Weltkarte**, Seite 282/283

Pferd, das

Pferde sind **Säugetiere**, die als **Haustiere** heute auf der ganzen Welt vorkommen. Sie sind Herdentiere und ernähren sich von **Pflanzen**. Ursprünglich lebten Wildpferde in den **Steppen Europas** und **Asiens**. Dann begannen die **Menschen** vor vielen Tausend Jahren, Pferde zu zähmen und sie als Arbeitstiere zu nutzen. Wildpferde gibt es kaum noch.

Pflanzen, die

Pflanzen sind **Lebewesen**, die ihre Nahrung selbst herstellen können. Sie nehmen **Wasser** aus dem Boden und das **Gas** Kohlendioxid aus der **Luft** auf und wandeln es mit Hilfe des **Sonnenlichtes** in **Nährstoffe** um. Dazu benötigen sie den grünen Farbstoff Chlorophyll. Diesen Vorgang nennen wir **Fotosynthese**. Bei der Fotosynthese entsteht **Sauerstoff**, ohne den wir nicht leben können. Zu den Pflanzen gehören Samenpflanzen, **Farne** und Moose.

Physik, die

Physik ist eine **Naturwissenschaft**. Physiker untersuchen, welche Gesetze in der **Natur** wirken. Sie beobachten nicht nur, sondern fragen nach dem „Warum“. Etwa: Warum fallen Gegenstände auf den Boden? Warum gibt es leise und laute Geräusche? Warum wird ein Stein warm, wenn er in der Sonne liegt? Durch **Experimente** und Berechnungen versuchen Physiker, Antworten auf ihre Fragen zu finden. Zu den Teil-gebieten der Physik gehören u.a. Akustik (die Lehre vom **Schall**), **Elektrizität**, Kernphysik und Optik (die Lehre vom **Licht**).

Pilz, der

Pilze sind keine **Pflanzen** und keine **Tiere**, sie gehören zu einer eigenen Gruppe. Anders als die Pflanzen können sie keine eigenen **Nährstoffe** bilden. Sie nehmen diese mit ihren feinen **Wurzel**fäden aus dem Boden oder von einer Pflanze auf. Diese weitverzweigten Fäden sind der eigentliche Pilz. Was wir normalerweise Pilz nennen, ist nur der **Frucht**körper, der der Fortpflanzung dient. Zu den Pilzen zählen auch Schimmelpilze und Hefe.

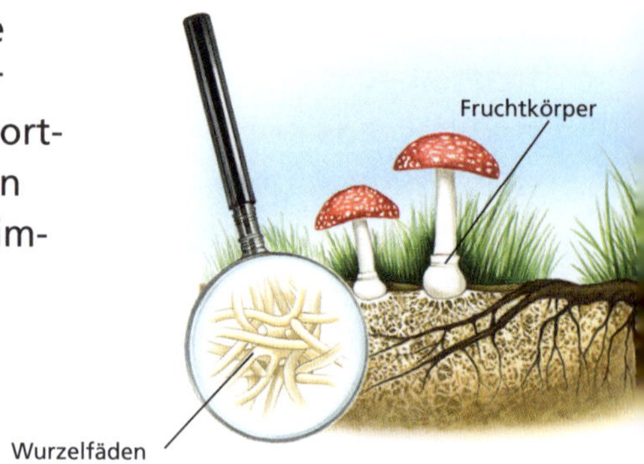

Pinguin, der

Pinguine sind **Vögel**, die nicht fliegen, aber sehr gut schwimmen und tauchen können. Sie leben auf der Südhalbkugel der **Erde**, z. B. in der **Antarktis**. Als Schutz gegen die Kälte haben sie eine dicke Fettschicht und ein wasserundurchlässiges Gefieder.

Kaiserpinguin

Ihre Nahrung besteht vor allem aus **Fischen**, **Krebstieren** und kleinen **Tintenfischen**. Wir kennen 18 Arten, die bekannteste und größte ist der Kaiserpinguin.

Pirat, der

Piraten sind Seeräuber. Solange die **Menschen** zur See fahren, kapern Piraten **Schiffe** und rauben sie aus. Zwischen dem 16. und 18. Jh. war die Hauptzeit der Piraterie. Piraten, die im Mittelmeer unterwegs waren, hießen Korsaren. Bukaniere waren die Piraten der Karibik. Nahezu alle Länder hatten Freibeuter, die Kaperbriefe hatten, also die Erlaubnis ihrer Könige, fremde Schiffe zu plündern, um Macht und Reichtum des Landes zu vergrößern. Auch heute noch sind Piraten unterwegs. Vor allem an der Ostküste **Afrikas** und in den Gewässern um Indonesien bedrohen sie die Schifffahrt.

Planet, der

Ein Planet ist ein Himmelskörper, der sich um einen Zentralstern, etwa eine **Sonne**, bewegt und nahezu rund ist. In unserem **Sonnensystem** gibt es acht Planeten. In der Reihenfolge ihrer Nähe zur Sonne heißen sie: Merkur, Venus, Erde, Mars, Jupiter, Saturn, Uranus und Neptun.

Mit diesem Satz kannst du dir die Reihenfolge der Planeten gut merken: »**M**ein **V**ater **e**rklärte **m**ir **j**eden **S**amstag **u**nseren **N**achthimmel.«

Plankton, das

Sehr kleine, im **Wasser** lebende Lebewesen, die sich nicht selbstständig fortbewegen können, sondern von der Strömung getrieben werden, nennen wir Plankton. Das können **Tiere** oder **Pflanzen** sein, die meist nur unter dem **Mikroskop** zu erkennen sind. Viele Tiere, z. B. der Blau**wal**, ernähren sich von Plankton. Es steht am Anfang der **Nahrungsnetze** und ist deswegen besonders wichtig für unsere **Ökosysteme**.

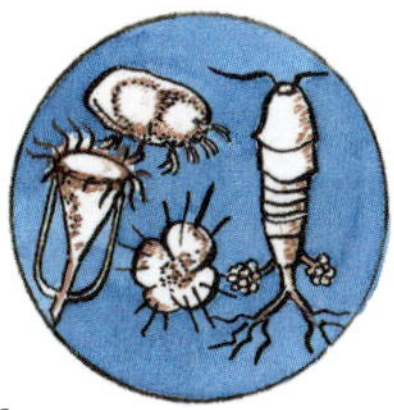
Pflanzliches Plankton

Tierisches Plankton

Plastik, das

➡ Siehe auch: **Kunststoff**

Politik, die

Zur Politik gehören alle Maßnahmen, die das Zusammenleben von **Menschen** gestalten und regeln.

Polizei, die

Die Polizei ist die vom Staat eingerichtete Stelle, die sich um die Sicherheit und die Ordnung im Land kümmert. Sie schützt den Einzelnen und die Gemeinschaft. Verkehrspolizisten kümmern sich um den Straßenverkehr. Kriminalpolizisten beugen Straftaten vor oder klären diese auf, wenn sie begangen wurden. Die Notrufnummer der Polizei ist 110.

Prärie, die

Die in Kanada und den USA liegenden **Steppen**gebiete werden Prärie genannt. Früher war die Prärie **Lebensraum** von großen Bisonherden, von denen sich viele **Indianer**stämme ernährten. Heute wird die Prärie vor allem für den Anbau von Mais und anderem **Getreide** sowie als Weidefläche genutzt.

Pubertät, die

Die Pubertät ist die Zeit, in der ein Kind sich zu einem Erwachsenen entwickelt. Der **Körper** verändert sich. Bei Mädchen beginnt die Brust zu wachsen, bei Jungen wachsen die Hoden und der Penis und sie kommen in den Stimmbruch. Die Körperbehaarung ändert sich, es wachsen Schamhaare und Achselhaare, Jungen bekommen Bartwuchs. Die inneren Geschlechtsorgane reifen. Mädchen bekommen die Regelblutung, bei Jungen bilden sich Samenzellen. Auch im **Gehirn** eines Jugendlichen verändert sich vieles, neue **Nerven**verbindungen werden geknüpft, alte aufgelöst. Die vielen Veränderungen können zu Unsicherheiten und Gefühlsschwankungen führen. Meist beginnt die Pubertät zwischen dem 10. und 14. Lebensjahr und dauert dann einige Jahre.

Pyramide, die

Pyramiden sind Bauwerke, die vor Jahrtausenden z. B. in Ägypten, Mexiko und Peru als Grab oder Tempel erbaut wurden. Die berühmten Pyramiden von Gizeh in Ägypten entstanden vor etwa 4600 Jahren. Durch die Erforschung der Pyramiden konnten Forscher viele Erkenntnisse über das Leben der Menschen in jener Zeit sammeln. Pyramiden haben eine quadratische Grundform und vier dreieckige Seiten, die oben zu einer Spitze zusammenlaufen.

Qualle, die

Quallen sind einfach gebaute **Tiere**, die fast vollständig aus **Wasser** bestehen. Sie leben in allen **Meeren**. Im Inneren ist die Qualle hohl, sie hat weder **Augen** noch **Ohren**. Ihr Körper hat nur eine Öffnung, die sowohl zum Fressen als auch für die Ausscheidung dient. An ihren langen Fangarmen sitzen Nesselzellen, mit denen Quallen Gift absondern können. Damit lähmen sie die kleinen Meerestiere, von denen sie sich ernähren. Quallen gibt es schon seit über 500 Mio. Jahren auf der **Erde**. Sie werden auch Medusen genannt.

Quelle, die

Eine Stelle, an der **Wasser** auf natürliche Weise aus dem Boden tritt, nennen wir Quelle. Wenn Wasser auf den Boden fällt, versickert es. Nach einigen Metern trifft es auf undurchlässige Erdschichten und sammelt sich dort. Dieses Wasser nennen wir Grundwasser. An Hängen etwa, wenn die schräge Erdoberfläche die Grundwasserschicht kreuzt, tritt das Wasser an die Oberfläche. Aus Quellen entspringen oft **Flüsse**, **Bäche** oder **Seen**.

Quidditch

Bei der Ballsportart Quidditch treten zwei Mannschaften mit je sieben auf Besen fliegenden Spielern gegeneinander an. Das Spielfeld ist oval und etwa 160 m lang. Je drei Ringe sind in 20 m Höhe als Tore angebracht. Auf dem Feld sind drei Jäger, ein Hüter, zwei Treiber und ein Sucher. Es sind vier Bälle im Spiel: Der Quaffel muss so oft wie möglich durch eines der gegnerischen Tore geworfen werden. Ein Treffer bringt zehn Punkte. Die beiden Klatscher versuchen selbstständig, die Spieler von ihren Besen zu stoßen. Der Schnatz ist ein kleiner goldener, sehr schnell fliegender Ball mit silbernen Flügeln, der sich meist versteckt. Wird er gefangen, bekommt die erfolgreiche Mannschaft 150 Punkte und das Spiel ist beendet. Die Mannschaft mit den meisten Punkten gewinnt. Quidditch ist ein magisches Spiel, das die Figuren der Buchreihe um den Zauberschüler Harry Potter, geschrieben von der englischen Autorin J.K. Rowling, spielen. Begeisterte Fans haben aus dem ausgedachten Spiel 2005 eine echte Sportart gemacht, die auf dem Boden ausgetragen wird. Die Spieler haben beim Spiel einen Besenstiel zwischen den Beinen. Inzwischen werden Weltmeisterschaften im Quidditch gespielt.

Rabe, der

Raben sind anpassungsfähige **Vögel**. Sie kommen mit fast jedem Nahrungsangebot und Lebensraum zurecht. **Insekten**, **Schnecken**, **Früchte** und **Aas** gehören zu ihrer Nahrung. Wissenschaftler haben bei Raben intelligentes Verhalten beobachtet, z. B. lassen sie Nüsse auf die Straße fallen, damit ein darüberrollendes **Auto** die Schale knackt. Rabenpaare bleiben meist ein Leben lang zusammen.

Radar, das

Radar ist die Abkürzung für den englischen Ausdruck radio detecting and ranging (etwa: Ortung und Abstandsmessung durch Funk). Mit dieser **Technik** kann über eine große Entfernung gemessen werden, wo ein **Auto**, ein **Schiff** oder **Flugzeug** sich genau befindet. Eine Radaranlage hat eine spezielle Antenne, die elektromagnetische Wellen aussendet. Treffen diese z. B. auf ein Flugzeug, werden die Wellen zu der Antenne zurückgeworfen. Auf einem Bildschirm ist das Flugzeug dann als Leuchtpunkt zu sehen. Die Entfernung zwischen Radargerät und Flugzeug wird ermittelt, indem die Zeit, die zwischen Senden und Empfangen der Wellen vergeht, gemessen wird. Radaranlagen sind z. B. für die Überwachung des Flugverkehrs sehr wichtig.

Flugradar

Radioaktivität, die

Die **Atom**kerne mancher chemischer Stoffe, z.B. Uran, zerfallen und wandeln sich dann in andere Atomkerne um, ohne dass dafür äußere Einflüsse nötig sind. Bei dem Zerfall wird **Energie** in Form von Strahlung freigesetzt. Trifft diese radioaktive Strahlung auf **Lebewesen**, werden betroffene **Zellen** verändert oder beschädigt. Ab einer bestimmten Strahlenmenge können **Pflanzen**, **Tiere** und **Menschen** krank werden oder sogar sterben. Radioaktive Strahlung können wir nicht sehen, riechen oder fühlen. In Atomkraftwerken wird radioaktive Strahlung zur Energiegewinnung genutzt (➡ **Kernenergie**).

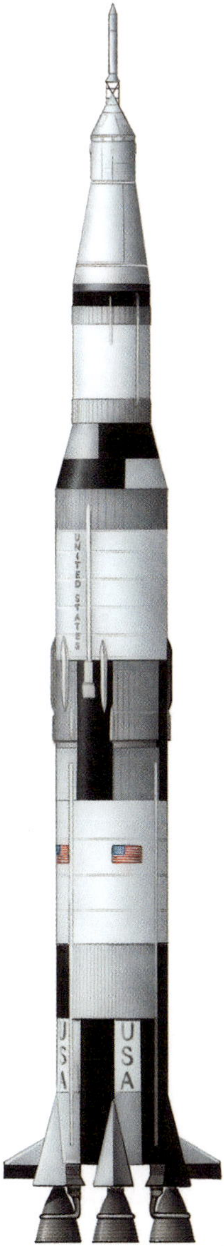

Rakete, die

Eine Rakete ist ein Flugkörper, der durch das Rückstoßprinzip angetrieben wird. Beim Start treten **Gase** mit großer Geschwindigkeit aus und treiben die Rakete an.

Etwas Ähnliches passiert, wenn du einen Luftballon prall aufbläst, nicht zuknotest und dann loslässt. Raketen können auch außerhalb der **Erdatmosphäre** fliegen – im Gegensatz zu **Flugzeugen**, deren Triebwerke z. B. Luft**sauerstoff** benötigen. Raketen werden u. a. für den Transport von **Satelliten** in das **Weltall** genutzt.

Rassismus, der

Rassismus ist eine Weltanschauung, in der **Menschen** aufgrund ihres Aussehens, ihres Namens, ihrer Kultur, Herkunft oder Religion bewertet und benachteiligt werden. Rassisten sind davon überzeugt, dass der Wert eines Menschen von seiner Herkunft abhängt, z. B. dass Menschen mit heller Hautfarbe Menschen mit dunkler Hautfarbe überlegen sind. Im **Nationalsozialismus** war Rassismus Grundlage der Unterdrückung und Ermordung von Millionen von **Juden**.

Rathaus, das

In einem Rathaus arbeiten der **Bürgermeister** und viele andere Mitarbeiter, die sich um die Verwaltung einer **Stadt** oder Gemeinde kümmern. Oft ist das Rathaus ein schönes Gebäude, das am Marktplatz steht.

Ratte, die

Ratten sind weltweit verbreitete **Nagetiere**. Sie leben in Gruppen und vermehren sich schnell. Bei uns kommen vor allem Wanderratten vor. Auffallend sind ihre große Anpassungsfähigkeit und Lernfähigkeit. Sie sind Allesfresser. Oft suchen sie die Nähe von **Menschen**, dann leben sie in Abwasserrohren, Ställen, Scheunen oder auf **Müll**plätzen.

Raubtier, das

Zu den Raubtieren zählen wir etwa 270 weltweit vorkommende **Säugetier**arten. Sie haben ein kräftiges Gebiss mit scharfen Reiß**zähne**n und ernähren sich vor allem von Fleisch, das können Beutetiere oder auch Aas sein. **Löwen**, **Wölfe**, **Bären**, **Robben**, Walrosse, Tiger, Hyänen und Marder gehören zu den Raubtieren.

Raumfahrt, die

Die Erforschung und Nutzung des **Weltalls** mit Hilfe von Fluggeräten wie **Satelliten**, Raumstationen oder Raumsonden nennen wir Raumfahrt. Die Entwicklung der **Raketen**technik ermöglichte, dass 1957 der erste künstliche Satellit in die Umlaufbahn der **Erde** geschossen wurde. 1969 betrat der erste **Mensch** den **Mond**. Inzwischen befinden sich Hunderte von Satelliten im Weltraum. Auf der Weltraumstation **ISS** erforschen Astronauten das Weltall. 2001 flog der erste Tourist mit einem Raumfahrzeug ins Weltall.

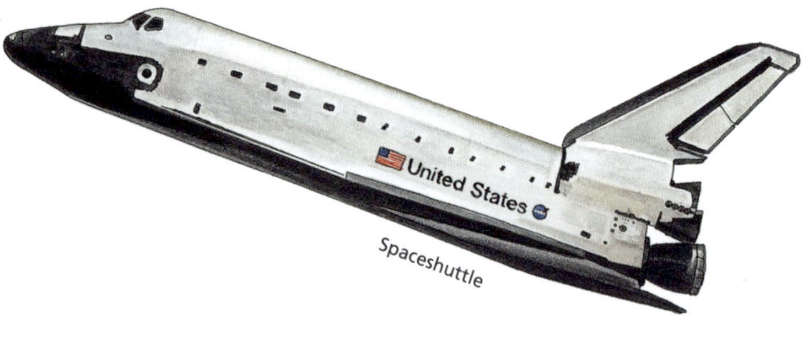

Spaceshuttle

Raupe, die

Die **Larven** der **Schmetterlinge** nennen wir Raupen. Nach dem Schlüpfen fressen sie ununterbrochen **Blätter** und wachsen schnell. Wenn ihre **Haut** zu klein wird, bilden sie eine neue und stoßen die alte ab.

Die meisten Raupen sind grün oder braun und für Feinde kaum zu erkennen. Nach einigen Häutungen entwickelt sich die Raupe zur Puppe. Aus dieser schlüpft dann der Schmetterling.

Recht, das

Damit **Menschen** möglichst ohne Streit in einem Land zusammenleben können, muss geregelt sein, welches Verhalten erlaubt ist und welches nicht. Das ist in **Gesetzen** und Verordnungen festgelegt; alle Regeln und Gesetze zusammen bezeichnen wir als Recht. Hält sich jemand nicht an das Recht, kann er verwarnt oder bestraft werden. Ein Mensch darf nur für etwas bestraft werden, was er auch getan hat. Die bloße Vermutung, dass jemand gegen ein Gesetz verstoßen hat, reicht nicht. Seine Schuld muss bewiesen werden. Wenn es genügend Hinweise für seine Schuld gibt, wird er angeklagt und es kommt zu einer Gerichtsverhandlung.

Im Grundgesetz der Bundesrepublik **Deutschland** stehen unsere Grundrechte.

R

Recycling, das

Recycling (gesprochen: riesseikling) ist die Wiederverwertung oder Wiederverwendung von bereits benutzen Produkten. Aus gesammeltem **Papier**, also aus Altpapier, können z.B. Schulhefte oder Taschentücher produziert werden. Pfandflaschen aus **Glas** können gereinigt und erneut gefüllt und verkauft werden. Recycling vermindert die **Müll**menge und spart **Rohstoffe**, die sonst für die Herstellung neuer Produkte benötigt würden.

Regen, der

Regen ist flüssiger **Niederschlag**, der in Tropfen auf die **Erde** fällt. Er entsteht in **Wolken**. Wenn die anfangs winzigen Wolkentröpfchen zusammenstoßen, verschmelzen sie und werden größer. Irgendwann sind sie so schwer, dass die **Luft** sie nicht mehr halten kann. Sie fallen zu Boden, es regnet.

Regenbogen, der

Ein Regenbogen ist ein **Farb**band, das am **Himmel** erscheinen kann, wenn **Regen** und **Sonnen**schein gleichzeitig auftreten.

Trifft das Sonnenlicht auf die Regentropfen, wird es gebrochen und reflektiert, das heißt, dass die Lichtstrahlen ihre Richtung ändern und zurückgeworfen werden. Dadurch wird das weiße **Licht** in seine einzelnen Farben zerlegt – Rot, Orange, Gelb, Grün, Blau und Violett. Die Farbwellen strahlen in unterschiedlichen Winkeln zurück, der Regenbogen entsteht. Um einen Regenbogen zu sehen, muss man mit dem Rücken zur Sonne stehen.

Regenwald, der

Der Regenwald ist ein immergrünes, fruchtbares, artenreiches **Ökosystem**, das vor allem in den **Tropen** vorkommt. Die gleichmäßig hohe **Temperatur** und die regelmäßigen **Regen**güsse bieten etwa der Hälfte aller **Tier**- und **Pflanzen**arten der Welt beste Lebensbedingungen. Die Pflanzen des Regenwaldes wachsen in Stockwerken. Das Abholzen des Regenwaldes zerstört den Lebensraum seltener **Lebewesen**. Doch es beeinträchtigt auch die gesamte **Erde**, da die Pflanzen der riesigen Regenwälder große Mengen an **Sauerstoff** produzieren und das **Klima** günstig beeinflussen.

Regenwurm, der

Regenwürmer leben unter der Erde. Sie fressen vermoderte **Pflanzen** und Erde, in der Pflanzenteilchen enthalten sind. Dabei entstehen Röhren, die die Erde auflockern. Ihr Kot enthält **Nährstoffe**, die nützlich für das Pflanzenwachstum sind und den Boden verbessern. Regenwürmer sind Zwitter, das bedeutet, dass sie **Ei**- und **Samen**zellen in sich tragen. Sie können sich aber nicht selbst befruchten, sondern brauchen dazu einen anderen Regenwurm.

Regierung, die

Zu einer Regierung gehören **Politiker**, die den **Staat** leiten, Entscheidungen treffen und Verantwortung für die Abläufe übernehmen. Ziel der Regierung soll das Wohl aller Bewohner des Landes sein. Regierungschef ist meist ein Präsident oder Kanzler.

Abgeordnete im Plenarsaal, dem Raum, in dem sie ihre Sitzungen abhalten.

Reh, das

Rehe sind in **Europa** und **Asien** weitverbreitete **Säugetiere**. Sie gehören zu der Familie der Hirsche. Ihre Nahrung besteht aus Blättern, Gras, Eicheln und Baumrinde. Ein männliches Reh wird Bock genannt. Er trägt ein nachwachsendes Geweih, das er einmal im Jahr abwirft.

Reiten

Reiten ist eine Sportart, die der **Mensch** gemeinsam mit einem Pferd ausübt. **Pferd** und Reiter müssen sich gut verstehen.

Der Reiter vermittelt dem Pferd durch seine Stimme, die Zügel und seine Körpersprache, in welcher Geschwindigkeit und in welche Richtung es sich bewegen soll. Der Reitsport wird unterteilt in u. a. Dressurreiten, Springreiten, Rennsport, Polo und Voltigieren.

Religion, die

Den Glauben an einen Gott, an mehrere Götter oder übernatürliche Mächte und Kräfte, etwa in der **Natur**, bezeichnen wir als Religion. Gottesdienste, Gebete und eine Orientierung an den religiösen Werten, wie z. B. Nächstenliebe, sind Teil einer Religion. Es gibt fünf **Weltreligionen** und viele andere Glaubensrichtungen.

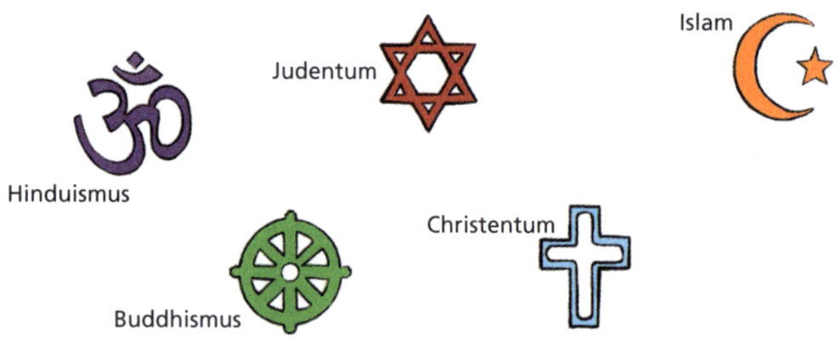

Rente, die

Normalerweise arbeitet ein **Mensch** bis er etwa 65 Jahre alt ist. Solange verdient er jeden Monat **Geld**. Von diesem Geld zahlt er einen bestimmten Betrag in die staatliche Rentenkasse ein. Wenn er dann in den Ruhestand geht, also aus Altersgründen nicht mehr arbeitet, erhält er monatlich Geld vom **Staat** – das ist seine Rente. Wie hoch diese ist, hängt davon ab, wie lange und wie viel er über die Jahre eingezahlt hat, aber es ist weniger als das ehemalige Gehalt.

Reptilien, die

Reptilien haben eine schuppige **Haut**, einen Schwanz und meist vier Beine. Sie legen **Eier** und atmen mit **Lungen**. Reptilien gehören zu den wechselwarmen **Tieren**, das bedeutet, dass ihre Körper**temperatur** von der Außentemperatur abhängt. Deswegen leben Reptilien vor allem in warmen Gebieten. **Schildkröten**, **Eidechsen**, **Schlangen** und **Krokodile** sind Reptilien. Schon vor vielen Millionen Jahren gab es Reptilien, unter ihnen die **Dinosaurier**.

Republik, die

Eine Republik ist eine **Staat**sform, in der das Staatsoberhaupt nicht wie eine Königin oder ein König allein regiert. Eine Republik kann eine **Demokratie** sein – wie etwa in **Deutschland**, **Österreich** und der **Schweiz**. Dann wird die **Regierung** vom Volk durch **Wahlen** bestimmt. Manche **Staaten**, z. B. die Volksrepublik China und die Sozialistische Republik Kuba, sind Republiken, in denen keine Demokratie herrscht.

Rhythmus, der

Ein Rhythmus ist ein zeitlich gegliederter, wiederkehrender Vorgang. Die Wiederkehr von **Ebbe und Flut** hat einen Rhythmus, der Wechsel von **Tag und Nacht** ebenso. Rhythmus ist auch ein wichtiger Bestandteil der **Musik**. Dieser Wechsel von langen und kurzen Tönen und ihrer Betonung verleiht dem Musikstück neben der Melodie seinen Charakter. Auch **Sprache** hat einen Rhythmus, das wird bei **Gedichten** und Liedtexten besonders deutlich.

Yaks leben im Hochland von China und Tibet.

Rind, das

Rinder sind weltweit wichtige **Nutztiere**. Sie liefern Fleisch, Milch und Leder. Rinder sind Wiederkäuer, die sich hauptsächlich von Gras ernähren. Da das schwer verdaulich ist, ist ihr **Magen** in vier Teile unterteilt, die bei der Zerkleinerung helfen. Die Rinder schlucken das Gras kaum zerkaut hinunter. In den vorderen Magenteilen wird es zerrieben und vorverdaut, dann wieder hochgewürgt, gründlich gekaut und wieder verschluckt.

Schließlich beginnt im untersten Magenteil die Verdauung. Auch Bisons, Büffel und Yaks gehören zu den Rindern.

Ritter, der

Ritter waren im **Mittelalter** berittene adelige **Krieg**er, die im Gebiet des heutigen **Europas** für ihren König oder Fürsten in den Kampf zogen. Der König stellte ihnen für ihre Dienste Land zur Verfügung. Es gab Regeln, die ein Ritter befolgen musste, z. B. Tapferkeit und Treue, gutes Benehmen sowie Schutz der **Kirche** und der Schwachen. Reiche Ritter lebten in **Burgen**, ärmere in Ritterhäusern.

Robbe, die

Robben sind im **Meer** lebende **Säugetiere**. Sie kommen meist in kälteren Gewässern vor. Sie gehören zu den **Raubtieren** und ernähren sich vor allem von **Fischen**.

Kegelrobbe

Nase und **Ohren** können sie im **Wasser** verschließen. Vor der Kälte des Wassers schützen sie sich durch eine dicke Fettschicht und ein dichtes **Fell**. Da sie immer wieder an Land gehen, z. B. auch, um ihre Jungen zur Welt zu bringen, leben sie in Küstennähe. Zu den etwa 30 Arten gehören auch See-Elefanten und Walrosse. In **Nord-** und **Ostsee** kommen **Seehunde**, Kegelrobben und Ringelrobben vor.

Roboter, der

Roboter sind computergesteuerte **Maschinen**, die von **Menschen** so programmiert werden, dass sie bestimmte Aufgaben automatisch verrichten können. Sie arbeiten schnell und genau, giftige Stoffe oder langweilige Tätigkeiten machen ihnen nichts aus. In der **Auto**produktion werden Roboter z. B. zum Schweißen und Lackieren eingesetzt. Roboter sehen meist nicht aus wie Menschen – aber der Maschinenmensch war vor etwa 100 Jahren die Ursprungsidee für die Entwicklung von Robotern.

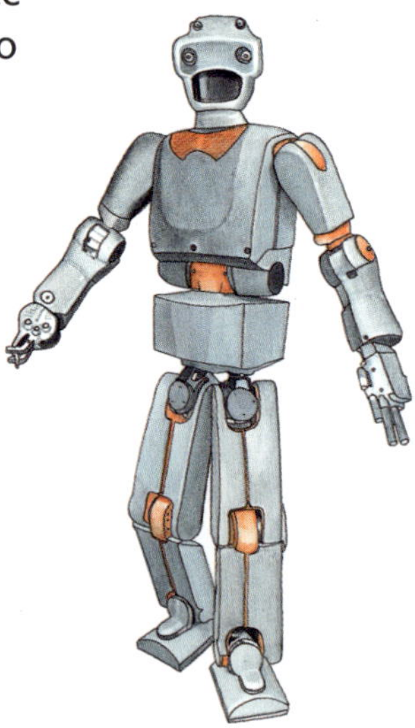

Röntgengerät, das

In einem Röntgengerät werden Röntgenstrahlen durch den **Körper** geleitet. Durch das Durchleuchten können z. B. Knochen sichtbar gemacht werden. Das Verfahren ist sehr wichtig für die Erkennung von Verletzungen und Krankheiten.

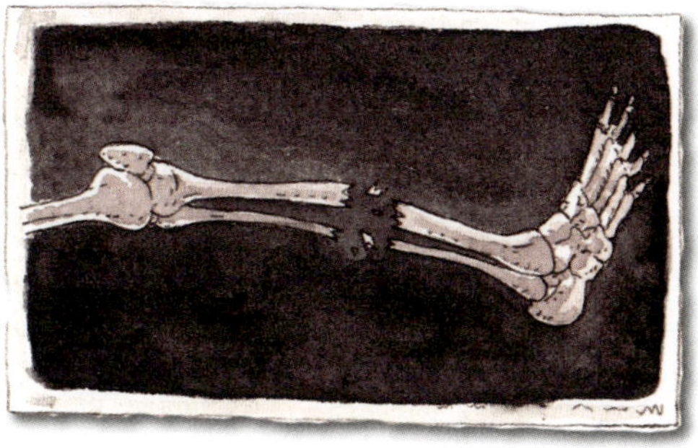

Rohstoff, der

Rohstoffe sind in der **Natur** vorkommende Stoffe, die wir unbearbeitet nutzen oder zu neuen Produkten verarbeiten. Rohstoffe können pflanzlicher, tierischer oder mineralischer Herkunft sein. **Erdöl**, **Holz**, Eisenerz, **Salz**, Wolle und **Wasser** gehören dazu. Viele Rohstoffe, wie etwa Holz und Erdöl, kommen auf der **Erde** nur begrenzt vor.

Roman, der

Ein Roman ist eine lange, ausgedachte und aufgeschriebene Geschichte. Die Geschichte kann z. B. traurig oder lustig sein, in der Vergangenheit, Gegenwart oder Zukunft, in der wirklichen oder einer Fantasiewelt spielen.

Römisches Reich, das

Die **Stadt** Rom war in der Zeit der **Antike** ein kleiner Stadt**staat**, der sich im Laufe der Jahrhunderte zum Zentrum des mächtigen Römischen Reiches entwickelte. Dieses hatte vor etwa 2000 Jahren seine größte Ausdehnung: Es umfasste die an das Mittelmeer angrenzenden Gebiete und u.a. das heutige **Österreich**, die **Schweiz**, Teile **Deutschlands** und England. Das riesige Reich zu regieren, war sehr schwierig, und wegen der **Kriege** mit anderen Ländern und der Aufstände der eigenen Bevölkerung zerbrach es schließlich im 5. Jh. nach Christus.

Römische Senatoren

Römischer Bauer

Aber die Blütezeit des Römischen Reiches war auch eine Zeit der Erfindungen: Wasserleitungen, gepflasterte Straßen, Erntemaschinen und Badeanstalten sind Errungenschaften der Römer. Noch immer nutzen wir den römischen **Kalender**. Städte wie Köln und Aachen wurden in jener Zeit gegründet. Die **Planeten**namen wie Venus, Mars und Merkur waren Namen römischer Götter. Rom ist heute die Hauptstadt Italiens.

S

Sage, die

Sagen sind Geschichten, die lange Zeit, häufig über Jahrhunderte, mündlich weitererzählt und schließlich aufgeschrieben wurden. Sie haben oft eine fantastische Handlung, in der Elfen, Riesen oder Drachen vorkommen. Den Ort, an dem die jeweilige Geschichte spielt, gibt es aber meist tatsächlich.

Salz, das

Salz ist ein **Mineral**, das unser **Körper** zum Beispiel für den **Wasser**transport braucht. Es ist in vielen unserer Nahrungsmittel enthalten. Salz kann aus dem **Meer** gewonnen werden oder es kommt in unterirdischen Salzstöcken vor und wird dort abgebaut.

Samen, der

Samen dienen der Vermehrung der Blütenpflanzen. Nach der Bestäubung der **Blüte** entwickelt diese sich zur **Frucht**, die den Samen enthält. Fällt ein Samen an einer geeigneten Stelle zu Boden, wächst dort eine neue **Pflanze**. Eicheln, **Löwenzahn**-Schirmchen, **Apfel**kerne und Pfirsichsteine sind z. B. Pflanzensamen. Beim Menschen und bei den Tieren nennt man die männlichen Samenzellen auch Samen oder Sperma. Bei der Befruchtung verschmelzen sie mit der **Ei**zelle, so werden Nachkommen gezeugt.

S

Satellit, der

Wettersatellit MetOp

Ein Satellit ist ein künstlicher Raumflugkörper, der auf einer Umlaufbahn um einen Himmelskörper, z. B. um die **Erde**, kreist. Nachrichtensatelliten werden für die Übermittlung von Fernsehsendungen, Telefongesprächen und **Computer**daten genutzt, **Wetter**satelliten für die Wetterbeobachtung und -vorhersage. Satelliten werden von **Raketen** in die Umlaufbahn der Erde befördert.

Sauerstoff, der

Sauerstoff ist ein farbloses und geruchloses **Gas**. Es ist in der **Erdatmosphäre**, im **Wasser** und auch im Gestein enthalten. Fast alle **Lebewesen** brauchen Sauerstoff zum Leben. **Pflanzen** produzieren Sauerstoff.

Säugetier, das

Säugetiere haben ein **Fell**, sie sind lebend gebärend und die Jungen werden nach der **Geburt** von der Mutter gesäugt. Ihre Körper**temperatur** ist gleichwarm, also nicht von der Umgebungstemperatur abhängig. Sie atmen mit **Lungen**. Säugetiere kommen weltweit vor, die meisten Arten leben an Land. Lebensraum der **Wale**, Seekühe und **Robben** ist das **Meer**, und wenige Arten, etwa die **Fledermäuse**, können fliegen. Auch der **Mensch** wird zu den Säugetieren gezählt.

Savanne, die

Savannen liegen zwischen der **Wüste** und dem tropischen **Regenwald**. Vor allem in **Afrika**, aber auch in **Asien**, **Australien** und Teilen **Südamerikas** kommen sie vor. Die Savanne ist geprägt durch monatelange Trockenzeiten im Wechsel mit Regenzeiten. Zu den **Pflanzen** der Savanne gehören einzeln stehende **Bäume**, Sträucher und Gräser. **Elefanten**, **Zebras**, Gazellen, **Giraffen** und **Löwen** bewohnen diesen Lebensraum.

Schaf, das

Schafe sind **Säugetiere**. Schon früh hielt der **Mensch** sie als **Haustiere**, um Wolle, Milch und Fleisch zu nutzen. Hausschafe leben auf der ganzen Welt. Wildschafe wie das Mufflon kommen vor allem in den **Gebirgen** von **Nordamerika**, **Asien** und Süd**europa** vor.

Schall, der

Alle Geräusche, die wir hören, sind **Luft**schwingungen, die zu unseren **Ohren** getragen werden. Diese Schwingungen nennen wir Schallwellen. Zupfst du an einer Gitarrensaite, versetzt du sie in Schwingung. Die umgebende Luft wird ebenfalls in Schwingung versetzt – das sind die Schallwellen. Sie breiten sich aus, gelangen an unsere **Ohren** und wir hören einen Ton.

Schiff, das

Seit vielen Tausend Jahren fahren die **Menschen** zur See. Schiffe ermöglichten die Erforschung der Welt und die Erweiterung des **Handels**. Segelschiffe und Ruderschiffe wurden durch den **Wind** oder **Muskel**kraft angetrieben. Heute übernehmen meist **Motoren** und Schiffsschrauben diese Aufgabe. Auf großen Containerschiffen werden Waren von einem **Hafen** zum anderen transportiert. Schiffe werden auf Werften gebaut. Die linke Schiffsseite heißt Backbord, die rechte Steuerbord.

Schildkröte, die

Schildkröten gehören zu den **Reptilien**. Sie leben in warmen Gebieten. Es gibt Landschildkröten und Wasserschildkröten. Die Vorderbeine der Meeresschildkröten haben eine flossenartige Form. Zur Eiablage kommen Schildkröten an Land, legen die **Eier** in Sandgruben und verscharren sie. Manche Landschildkröten können über 100 Jahre alt werden. Schon bevor es **Dinosaurier** gab, lebten Schildkröten auf der **Erde**.

Sumpfschildkröte

Schlaf, der

Während wir schlafen, erholt sich unser **Körper**: Unser **Herz** schlägt langsamer, wir atmen seltener und die Körper**temperatur** sinkt. Wir unterscheiden verschiedene Schlafabschnitte, die sich in der Nacht immer wieder abwechseln: den Leichtschlaf, den Tiefschlaf und den **Traum**schlaf. Insgesamt verschlafen wir in unserem Leben etwa 25 Jahre.

Schlange, die

Schlangen sind weltweit verbreitete **Reptilien**, nur in sehr kalten Gebieten kommen sie nicht vor. Sie sind Fleischfresser. Kleinere Beutetiere verschlucken sie lebendig. Größere **Tiere** werden von manchen Schlangenarten durch einen Biss mit ihren **Gift**zähnen getötet, andere erwürgen sie mit ihrem kräftigen **Körper**. Ihre **Zungen** nutzen Schlangen als **Sinnesorgan**, mit dem sie riechen und ihre **Umwelt** erkunden können. Schlangen wachsen ein Leben lang. Da aber ihre Haut nicht mitwächst, bilden sie immer wieder eine neue Haut und stoßen die alte ab.

Ringelnatter

Schleuse, die

Schleusen werden gebaut, um Höhenunterschiede im Verlauf eines **Kanals** oder **Flusses** auszugleichen. Zwei Schleusentore begrenzen die Schleusenkammer.

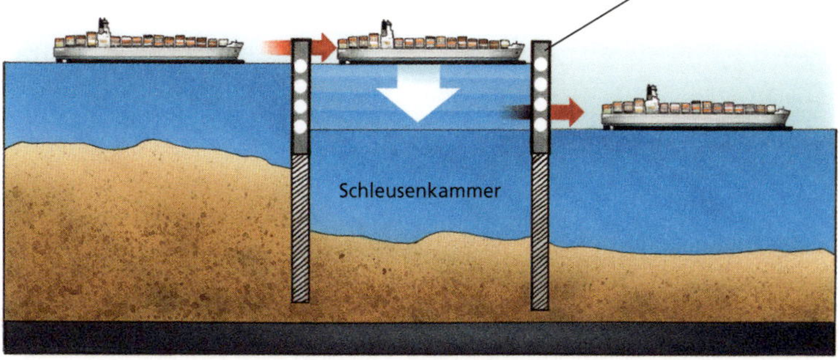

Kommt ein **Schiff** aus dem Gewässerabschnitt mit höherem **Wasser**stand, fährt es in die Schleusenkammer. Die Tore werden geschlossen und der Wasserstand in der Kammer dem Wasserstand auf der anderen Seite des Tores angepasst. Dann wird das zweite Tor geöffnet und das Schiff kann seine Fahrt fortsetzen.

Schmerz, der

Schmerz ist eine unangenehme Wahrnehmung. Er ist ein Warnsignal unseres **Körpers**, denn dann wissen wir, dass etwas nicht in Ordnung ist. In der **Haut** liegen Millionen von **Nerven**, die die Schmerzsignale an das **Gehirn** weiterleiten.

Schmetterling, der

Schmetterlinge sind **Insekten**. Sie haben einen Saugrüssel, mit dem sie **Blüten**nektar aufnehmen. Die Muster auf ihren vier Flügeln werden von bunten Farbschuppen gebildet. Bei manchen Arten dienen sie zur Tarnung und Abschreckung. Die **Larven** der Schmetterlinge nennen wir **Raupen**. Sie durchlaufen ein Puppenstadium, bevor sie zum erwachsenen Schmetterling werden.

Pfauenauge

Schnecke, die

Schnecken gehören zu den **Weichtieren**. Manche Arten leben an Land, andere im **Wasser**. Die meisten Schnecken haben vier Fühler. An der Spitze der beiden langen Fühler sitzen die **Augen**. Bei Gefahr ziehen Schnecken sich in ihr spiralförmiges Gehäuse zurück, das sie auch vor Austrocknung schützt. Schnecken ohne Gehäuse nennen wir Nacktschnecken. Damit sie nicht austrocknen, sondern sie einen festen Schleim ab. Da dieser ungenießbar ist, kommen sie für die meisten Tiere als Beute nicht in Frage. Schnecken ernähren sich meist von **Pflanzen**.

Schnee, der

Schnee ist eine Form von **Niederschlag**. Wenn die **Temperatur** in einer **Wolke** weit unter 0 °C liegt, entstehen winzige Eiskristalle. Sie verbinden sich zu Flocken und fallen zur Erde, sobald sie schwer genug sind. Herrschen in Bodennähe niedrige Temperaturen, kommen die Flocken als Schnee an.

Schrift, die

Eine Schrift besteht aus aufeinanderfolgenden, festgelegten Zeichen, mit denen wir **Sprache** aufschreiben und damit sichtbar machen können. Schrift ermöglicht es uns, **Informationen** aufzubewahren und weiterzugeben. Die ersten Schriften, die **Menschen** vor etwa 5000 Jahren entwickelten, waren Bilderschriften. Vorher konnten die Menschen ihr Wissen nur in der Erinnerung speichern und mündlich weitergeben.

月球　太陽

Schwangerschaft, die

Die Zeit zwischen der **Befruchtung** der **Eizelle** im **Körper** der **Frau** und der **Geburt** nennen wir Schwangerschaft. Beim **Menschen** dauert sie etwa neun Monate. In dieser Zeit wächst in der Gebärmutter das Kind heran. Die Dauer der Schwangerschaft ist bei **Säugetieren** unterschiedlich. **Elefanten**kühe sind 22 Monate lang trächtig, **Mäuse** etwa drei Wochen.

Schwein, das

Schweine sind weltweit vorkommende **Säugetiere**. Aus dem Wildschwein züchtete der **Mensch** schon vor über 7000 Jahren das Hausschwein. Es ist ein wichtiger Fleischlieferant. Schweine haben eine empfindliche **Haut** und können nicht schwitzen. Sie suhlen sich gern in feuchtem Schlamm, um sich abzukühlen, zu reinigen und vor Sonnenbrand zu schützen. Schweine sind Allesfresser.

Schweiz, die

Die Schweiz ist ein demokratischer **Staat** in Mittel**europa**. Das Land ist in 26 Kantone unterteilt, die ähnlich der Bundesländer in **Deutschland** und **Österreich** in Bereichen wie Schule oder **Polizei** unabhängige Entscheidungen treffen. Es gibt vier Sprachregionen, in denen hauptsächlich entweder Deutsch, Französisch, Italienisch oder das seltene Rätoromanisch gesprochen wird. Viele Schweizer beherrschen mehr als eine **Sprache**. Ein großer Teil des Landes ist von Bergen bedeckt. Der höchste Gipfel ist mit 4634 Metern die Dufourspitze in den Walliser **Alpen**, der wohl bekannteste Berg des Landes ist das Matterhorn (4478 Meter). Von den etwa 8,4 Millionen Einwohnern leben die meisten in den Städten. Die größte **Stadt** der Schweiz ist Zürich, **Regierung**ssitz ist Bern. Die Währung heißt Schweizer Franken.

See, der

Ein See ist ein Gewässer, das von Land umgeben ist und keine direkte Verbindung zum **Meer** hat. Viele Seen haben einen Zulauf, etwa von einem **Fluss**, und einen Ablauf. Außerdem werden sie von **Regen**wasser und Grundwasser gespeist. Die meisten Seen enthalten Süßwasser.

Seehund, der

➡ Siehe auch: **Robbe**

Seepferdchen, das

Seepferdchen sind **Fische**, die vor allem in warmen **Meeren** vorkommen. Bei der Paarung spritzen die Weibchen ihre **Eier** in die Bruttasche der Männchen. Dort werden sie befruchtet. Wenn die Seepferdchen aus den Eiern geschlüpft sind, verlassen sie die Bruttasche. Seepferdchenpaare bleiben ein Leben lang zusammen.

Seestern, der

Seesterne gehören zu den Stachelhäutern. Sie kommen in fast allen **Meeren** in Küstennähe vor. Ihre Nahrung besteht vor allem aus **Muscheln**. In jedem der fünf Arme eines Seesterns befinden sich alle wichtigen **Organe**. Wird ein Arm abgetrennt, kann er weiterleben oder sich sogar wieder zu einem vollständigen Seestern entwickeln.

Seide, die

Aus Seide werden dünne, feine Stoffe hergestellt. Die **Raupe** eines **Schmetterlings**, des Seidenspinners, stellt einen feinen Faden her und legt ihn in Tausenden von Schlaufen um sich. So entsteht eine Schutzhülle, der Kokon, in dem sich die Raupe verpuppt. Um ihn zu nutzen, wird die Puppe vor dem Schlüpfen getötet und der Faden wird abgewickelt und verarbeitet.

Sexualität, die

Der Begriff Sexualität bedeutet „Geschlechtlichkeit“. Gemeint ist damit einerseits alles, was mit der **Fortpflanzung** zu tun hat. Beim **Menschen** gehören aber auch u.a. Gefühle, Wünsche und Beziehungen zur Sexualität. Sie ist Teil der menschlichen Persönlichkeit und die Möglichkeit der Selbstbestimmung ist sehr wichtig.

Sinnesorgan, das

Auge, **Ohr**, **Haut**, **Nase** und **Zunge** sind Sinnesorgane. Sie dienen dazu, Reize aus unserer Umwelt aufzunehmen, z. B. Wärme, **Licht**, **Schall**, einen Geruch oder Geschmack. Die aufgenommenen Reize werden über **Nervenzellen** an das **Gehirn** weitergeleitet.

S

Skelett, das

Ein Skelett stützt den Körper und schützt einzelne Organe. Bei **Säugetieren**, **Vögeln**, **Fischen**, **Reptilien** und **Amphibien** besteht es aus **Knochen** oder - bei manchen Fischen - aus Knorpel und liegt im Inneren des Körpers. **Insekten**, **Krebse** und **Spinnen** haben ein Außenskelett, also eine feste Hülle, die den Körper von außen schützt.

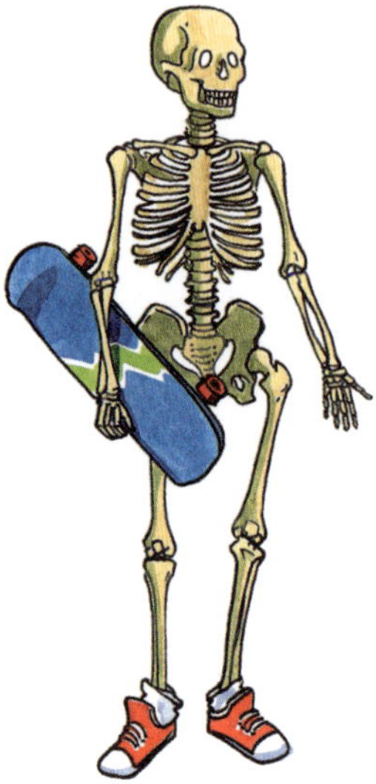

Sonne, die

Die Sonne ist der **Stern**, der unserer **Erde** am nächsten ist. Sie ist ein glühender **Gas**ball und so groß, dass die Erde mehr als eine Million Mal in sie hineinpassen würde. Im Inneren der Sonne herrschen etwa 15 Mio. °C. Bei dieser **Temperatur** verschmelzen kleinste Teilchen, nämlich Wasserstoffkerne, und werden zu Heliumkernen. Dabei entsteht sehr viel **Energie**, die in Form von **Licht** und Wärme das Leben auf der Erde ermöglicht, und das, obwohl die Sonne etwa 150 Mio. km von uns entfernt ist. Die Sonne ist das Zentrum unseres **Sonnensystems**.

Sonnenfinsternis, die

Wird von der **Erde** aus gesehen die **Sonne** vom **Mond** verdeckt, sprechen wir von einer Sonnenfinsternis. Etwa zwei- oder dreimal im **Jahr** ist irgendwo auf der Erde eine vollständige oder teilweise Sonnenfinsternis sichtbar. Dann wird es mitten am Tag für einige Minuten dunkel und kalt, denn das Sonnenlicht ist abgeschirmt.

Teil unseres Sonnensystems

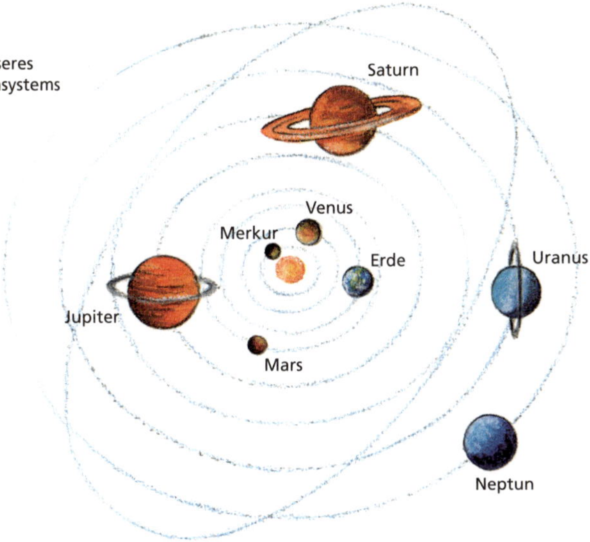

Sonnensystem, das

Unser Sonnensystem besteht aus der **Sonne** und allen Himmelskörpern, die sie umkreisen. Dazu gehören z. B. **Planeten**, Kleinplaneten, **Monde** und **Kometen**. Zu unserem Sonnensystem zählen acht Planeten.

Es ist etwa 4,5 Mrd. Jahre alt. Das Sonnensystem ist Teil eines **Stern**systems, auch **Galaxie** genannt. Wie viele Galaxien es im **Weltall** gibt, wissen wir nicht. Die Galaxie, zu der unser Sonnensystem gehört, heißt Galaxis oder Milchstraße.

Spinne, die

Spinnen gehören zu den Spinnentieren. Sie haben acht Beine, keine Flügel und keine Fühler. Ihr **Körper** ist in zwei Teile unterteilt. Spinnen ernähren sich von **Insekten**. Viele Spinnenarten haben am Hinterleib eine Drüse, mit der sie die Fäden für den Netzbau herstellen. Die Insekten, die sich im Netz verfangen, werden durch ein **Gift** getötet.

Sport, der

➡ Siehe Seite 240/241

Sprache, die

Sprache ist ein Mittel zur Verständigung. Sie besteht aus Lauten, mit denen wir Wörter und Sätze bilden. Der Aufbau einer Sprache folgt bestimmten Regeln. Diese Sprachregeln nennen wir **Grammatik**. Außerdem braucht jede Sprache einen Wortschatz – damit ist eine große Anzahl an Wörtern gemeint. Mit der Sprache können wir Gedanken und Gefühle ausdrücken. Die Fähigkeit, eine Sprache zu lernen, ist jedem **Menschen** angeboren. Die Sprache selbst, egal ob Deutsch, Englisch oder Chinesisch, muss er aber lernen. Weltweit gibt es mehrere Tausend Sprachen.

Sprichwort, das

Als Sprichwort bezeichnet man einen kurzen, einprägsamen Satz, der eine lehrreiche Aussage vermittelt. Ein bekanntes Sprichwort ist z. B. „Was du heute kannst besorgen, das verschiebe nicht auf morgen".

Staat, der

Ein Staat erstreckt sich über ein bestimmtes, von **Grenzen** umgebenes Gebiet. In diesem Gebiet leben **Menschen**, sie sind die Bevölkerung des Staates. Der Staat wird von einer **Regierung** geführt und es gelten **Gesetze**. Es gibt derzeit 193 Staaten, **Deutschland**, **Österreich** und die **Schweiz** gehören dazu.

Sport, der

Tennis

Laufen und Speerwerfen gehören zu den Leichtathletiksportarten.

Zu den Schwimmstilen gehören Brust-, Kraul-, Rücken- und Delfinschwimmen.

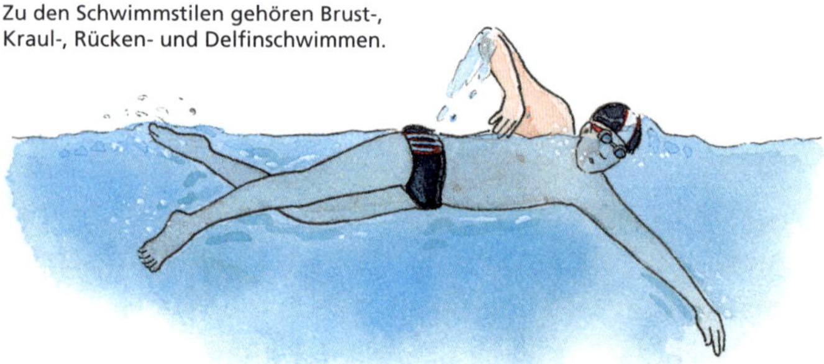

Hochsprung

Turnen an
den Ringen

Turnen am Pferd

Basketball

Bei den Wintersportarten sind
Skiabfahrt und Skilanglauf
besonders beliebt.

Stadt, die

Eine Stadt ist ein größerer Ort, der eine eigene Verwaltung hat und in dem es Schulen, Busverbindungen, Geschäfte und meist auch **Rathaus**, **Kirche**, Kino und **Theater** gibt. Eine Stadt ist in verschiedene Stadtteile unterteilt, z. B. Wohnviertel und Geschäftsviertel. Großstädte haben mehr als 100 000 Einwohner, Zürich, Leipzig und Salzburg gehören dazu. Wichtige Städte mit mehr als einer Million Einwohnern, wie etwa New York, Berlin und Tokio, nennen wir Weltstädte.

Steinzeit, die

Die Zeit, in der **Menschen** Werkzeuge wie etwa Pfeilspitzen und Faustkeile aus Stein herstellten und verwendeten, nennen wir Steinzeit. Vorher verarbeiteten sie nur Holz, **Knochen** oder Horn. Wir unterteilen die Epoche in die Altsteinzeit (Beginn etwa vor 2 Mio. Jahren bis 8000 v. Chr.) und die Jungsteinzeit. Zu deren Beginn entwickelte sich der Mensch vom reinen Jäger und Sammler zum Bauern. Er lernte, **Getreide** und **Gemüse** anzubauen und **Nutztiere** zu halten. Die Steinzeit endete vor rund 4000 Jahren, als der Mensch entdeckte, wie er aus anderen Werkstoffen wie Kupfer und Eisen Werkzeuge fertigen konnte.

Steppe, die

Flache, baumlose, trockene Graslandschaften der gemäßigten **Klimazonen** nennen wir Steppe. Die Steppe in **Südamerika** bezeichnen wir als Pampa, in Ungarn heißt sie Puszta, in **Nordamerika** Prärie. Auch die **Savannen** gehören zu den Steppen.

Stern, der

Sterne sind riesige, leuchtende **Gas**kugeln, die scheinbar unbeweglich am **Himmel** stehen. Im Inneren eines Sterns verschmelzen kleine Teilchen, die Wasserstoffkerne, miteinander. Dadurch wird sehr viel **Energie** in Form von **Licht** und Wärme freigesetzt. Sterne entstehen, wenn sich an einer Stelle im **Weltall** aus Gasen und Staub eine riesige **Wolke** gebildet hat, die durch verschiedene Kräfte in sich zusammenstürzt. Wenn dann der Druck und die **Temperatur** im Inneren so hoch sind, dass die Verschmelzung der Wasserstoffkerne beginnt, ist ein Stern entstanden. Er verglüht, wenn die Wasserstoffkerne aufgebraucht sind – das dauert einige Millionen bis Milliarden Jahre. Die **Sonne** ist unser nächster Stern.

Steuern, die

Steuern sind **Geld**abgaben, die jeder **Bürger** an den **Staat** zahlen muss. Die Steuern werden für öffentliche Aufgaben verwendet, z. B., um Schulen oder Straßen zu bauen, Lehrer einzustellen und **Menschen** zu unterstützen, die keine Arbeit haben.

Stoffwechsel, der

Als Stoffwechsel bezeichnen wir die Aufnahme, die Umwandlung, den Transport, den Abbau und die Ausscheidung von Stoffen im Körper. Die Nahrung, die wir aufnehmen, wird im Körper so umgewandelt, dass wir ihr **Nährstoffe** entnehmen können. Diese brauchen wir z. B., um **Zellen** aufzubauen und um **Energie** zu gewinnen. Beim Atmen nehmen wir **Luft** auf, der wir den lebenswichtigen **Sauerstoff** entziehen.

Storch, der

Störche sind **Vögel**, die, mit Ausnahme der Antarktis, auf allen **Kontinenten** vorkommen. Bei uns ist vor allem der Weißstorch heimisch. Er lebt in feuchten Gebieten und ernährt sich von **Fröschen**, **Mäusen** und **Insekten**. Um sich zu verständigen, klappert er mit dem Schnabel. Weißstörche gehören zu den **Zugvögeln**.

Strand, der

Ein Strand ist der flache sandige oder steinige Randbereich eines **Meers**, **Flusses** oder **Sees**.

Strauß, der

Der Strauß ist ein Lauf**vogel**. Er kommt nur in den **Savannen Afrikas** vor. Er erreicht eine Größe von 2,50 m und ein Gewicht von 140 kg. Zum Fliegen ist der Strauß zu groß und zu schwer, aber er ist ein sehr schneller Läufer. Er schafft Geschwindigkeiten bis zu 70 km/h. Der Strauß ist der größte Vogel der Welt.

Stress, der

Stress ist eine wichtige Reaktion des **Körpers**. Wenn wir in Gefahr geraten oder eine besondere Anforderung erfüllen müssen, stellt sich der Körper darauf ein. Er wird leistungsstärker, indem das **Herz** schneller schlägt und **Gehirn** und **Lunge** besser mit **Sauerstoff** versorgt werden. Stress kann aber schädlich sein, wenn er über einen längeren Zeitraum anhält. Dann werden Körper und Seele überfordert.

Strom, der

Strom fließt, wenn **Elektrizität**, also die **Energie**, die sich zwischen geladenen Kernteilchen aufbaut, in Bewegung versetzt wird. Damit das passiert, ist eine Stromquelle nötig. Das kann z. B. ein Kraftwerk sein, eine **Batterie** oder ein Fahrrad**dynamo**. Außerdem wird ein Leiter benötigt, durch den der Strom fließen kann, z. B. ein Kabel. Da Strom nur in einem Stromkreis fließt, muss im Kabel eine Ader für den Hinweg und eine für den Rückweg der Kernteilchen sein. Und schließlich muss der Strom auch abgenommen werden, etwa, indem wir eine Lampe anschalten. Knipsen wir sie wieder aus, fließt der Strom nicht mehr.

Sucht, die

Eine Sucht ist eine seelische oder körperliche Abhängigkeit. Die häufige Einnahme von **Drogen**, **Alkohol** oder **Medikamenten** kann zu einer Sucht führen.

Südamerika

Zwölf Länder gehören zu Südamerika, dem viertgrößten **Kontinent**. In den meisten Ländern sprechen die **Menschen** Spanisch oder Portugiesisch. Für die **Wirtschaft** spielen vor allem der Anbau von **Kaffee**, **Kakao** und die Förderung von **Erdöl**, Kupfer und Zinn eine Rolle. Es gibt wenige wohlhabende und viele arme Menschen in Südamerika. Große Teile Südamerikas liegen in den **Tropen**. Der **Amazonas** ist der wasserreichste **Fluss** der **Erde**. Die riesigen angrenzenden **Urwald**gebiete sind Lebensraum für viele Millionen **Tier**- und **Pflanzenarten**. An der Westküste Südamerikas erstrecken sich die Anden, das mit etwa 7000 km längste **Gebirge** der Welt. Der südlichste Punkt Südamerikas ist die Landspitze Kap Hoorn, die zu Chile gehört. Hier treffen **Atlantik** und **Pazifik** zusammen.

➡ Siehe auch: **Weltkarte**, Seite 282/283

Südlicher Ozean

Der Südliche Ozean ist der zweitkleinste Ozean. Er umgibt den Kontinent Antarktika. Im Südlichen Ozean leben große Mengen Krill, die die Nahrungsgrundlage für viele **Tiere** des **Meeres** und wichtiger Teil des **Nahrungsnetzes** sind.

➡ Siehe auch: **Weltkarte**, Seite 282/283

Südpol, der

Der Südpol ist der südlichste Punkt der **Erde**. Er liegt auf der **Antarktis** mitten im **Gletscher**eis. Vom Südpol aus gibt es nur die Himmelsrichtung Norden.

➡ Siehe auch: **Weltkarte**, Seite 282/283

Synagoge, die

Eine Synagoge ist das **Gott**es- und Versammlungshaus der **Juden**. Hier treffen sich jüdische Gläubige zum Gottesdienst, zum Studium der **Thora** und zu Versammlungen.

Tachometer, das

Ein Tachometer zeigt die Geschwindigkeit an, mit der ein Fahrzeug fährt. Sie wird in Kilometern pro Stunde gemessen.

Tag und Nacht

Ein Tag hat 24 Stunden. Das ist die **Zeit**, die die **Erde** für eine Drehung um sich selbst braucht. Wir unterteilen ihn in Tag und Nacht. Auf dem Teil der Erde, auf den die **Sonne** gerade scheint, ist Tag. Auf der anderen Seite ist Nacht. Da die Erdachse schräg steht, verändert sich im Laufe eines **Jahres** an einem Ort der Zeitraum zwischen Sonnenaufgang und -untergang. Im Sommer ist es bei uns länger hell als im Winter.

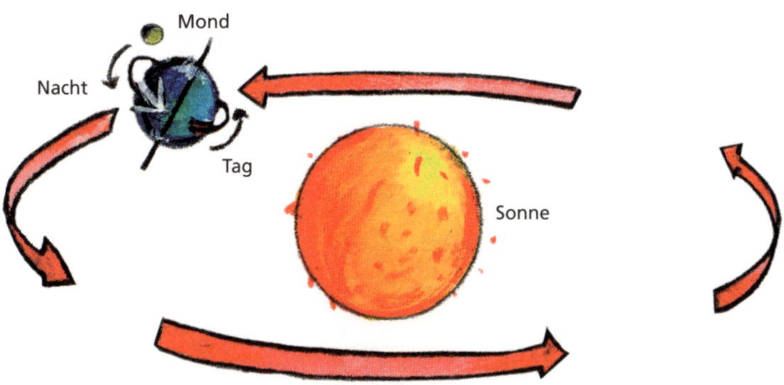

Tal, das

Ein Tal ist eine lang gestreckte Vertiefung in der Landschaft. Täler entstehen, wenn **Flüsse** im Laufe der Erdgeschichte immer mehr Gestein abtragen und tiefe Einschnitte hinterlassen. Auch **Gletscher**, die während der **Eiszeit** die Landschaft bedeckten, haben Täler geformt.

Tausendfüßer, der

Tausendfüßer gehören zu den Gliederfüßern. Am Kopf haben sie zwei Antennen. Ihr Körper besteht aus vielen gleichartigen Ringen, die ein oder zwei Beinpaare haben. Die meisten Tausendfüßer fressen abgestorbene **Pflanzen**teile. Kein Tausendfüßer hat Tausend Beine. Es gibt eine Art, bei der immerhin 660 Beine gezählt wurden.

Team, das

Ein Team entsteht, wenn sich eine Gruppe von **Menschen** zusammenschließt, die ein gemeinsames Ziel verfolgen.

Das kann eine **Sport**mannschaft, eine Schulklasse oder eine Gruppe von Kollegen sein, die in einem Unternehmen eine bestimmte Aufgabe übernehmen.

Technik, die

Als Technik bezeichnen wir Verfahren und Gegenstände, die der **Mensch** entwickelt hat, um sich die **Arbeit** und die Lebensbedingungen zu erleichtern. Dabei nutzen wir die Kräfte der **Natur**, etwa die elektrische **Energie**, aus der wir **Strom** gewinnen.

Tee, der

Die Tee**pflanze** wächst in warmen Gebieten, vor allem in **Asien**, **Südamerika** und im Osten **Afrikas**. Die **Blätter** der Teepflanze werden mehrmals im **Jahr** gepflückt. Nach dem Welken werden sie gerollt und getrocknet. Ob daraus dann grüner Tee, schwarzer Tee oder weißer Tee entsteht, hängt von der Verarbeitung ab. Schon vor 2000 Jahren haben die **Menschen** in China Tee getrunken.

Temperatur, die

Die Temperatur ist das Maß für den Wärmegrad eines **Körpers** oder Stoffes. **Gase**, Flüssigkeiten und feste Stoffe bestehen aus winzig kleinen Teilchen, den **Atomen**. Diese Teilchen befinden sich ständig in

Bewegung. Je schneller sie sich bewegen, desto höher ist die Temperatur. Die Bewegungs**energie** der Teilchen wandelt sich also in Wärmeenergie um. Die Einheit für die Temperatur ist bei uns und in vielen anderen Ländern Grad Celsius. Bei –273,15 °C bewegen sich die Teilchen nicht mehr, kälter kann es nicht werden. Die höchste Temperatur auf der **Erde** hat ein Blitz. Sie liegt bei 30 000 °C.

Terrorismus, der

Terroristen sind einzelne **Menschen** oder Gruppen, die ihre Ziele mit **Gewalt** durchsetzen wollen. Durch **Attentate**, Anschläge oder Entführungen verbreiten sie **Angst** und Schrecken und fordern z. B. politische oder gesellschaftliche Veränderungen. Die Gesamtheit solcher Menschen, ihrer Einstellungen und ihrer Taten, fassen wir unter dem Begriff Terrorismus zusammen. Das Wort „terror" kommt aus dem Lateinischen und bedeutet „Angst" oder „Schrecken".

Theater, das

Ein Theater ist der Ort, an dem Aufführungen von Schauspielern, Tänzern, **Musik**ern oder anderen Künstlern auf einer Bühne stattfinden.

Thermometer, das

Ein Thermometer ist ein Gerät zur Messung der **Temperatur**. Manche Flüssigkeiten, wie z. B. Quecksilber, dehnen sich bei Erwärmung aus. Bei einem Flüssigkeitsthermometer befindet sich Quecksilber in einem Glasröhrchen. Hinter dem Röhrchen ist eine Temperaturskala. Steigt die Temperatur, steigt auch die Flüssigkeitssäule. Das kann dann auf der Skala abgelesen werden. Wird es kälter, sinkt die Flüssigkeit im Röhrchen wieder.

Thora, die

Die Thora ist der erste Teil des Tanach, der Heiligen Schrift der **Juden**. Dieser erste und wichtigste Teil ist die Grundlage des jüdischen Glaubens. Die Thora besteht aus fünf Teilen, den fünf Büchern Mose. In ihnen stehen die Gesetze **Gottes**. Die Thora der Juden entspricht dem Beginn des Alten Testaments der **Christen**. In jeder **Synagoge** wird eine handgeschriebene Thora aufbewahrt.

Tiefsee, die

Als Tiefsee bezeichnen wir die Bereiche des **Meeres**, in die nur wenig **Licht** dringt. Ab etwa 200 m kommt nur noch wenig **Sonnenlicht** durch und das **Wasser** ist sehr kalt. Ab etwa 1000 m Tiefe herrscht völlige Dunkelheit. Nur wenige **Pflanzen** können hier ohne Licht überleben. Die **Tiere** der Tiefsee haben sich dem hohen Wasserdruck und der Dunkelheit angepasst. Manche **Fische** haben große **Augen**, mit denen sie jedes bisschen Licht ausnutzen können. Die tiefste Stelle aller Meere ist mit 11 034 m das Witjastief eins im Marianengraben im **Pazifischen Ozean**.

Tier, das

Tiere sind **Lebewesen**, die sich von organischen Stoffen, also von Bestandteilen, die von **Pflanzen** oder Tieren stammen, ernähren. Das können Pflanzenreste, **Blätter**, **Früchte**, andere Tiere oder **Aas** sein. Außerdem atmen Tiere **Sauerstoff** ein. Die meisten Tiere können sich selbstständig fortbewegen und haben **Sinnesorgane**. Es gibt mehrere Millionen Tierarten.

Tierschutz, der

Menschen dürfen **Tieren** nicht unnötig Schmerzen und Leid zufügen. Alle Maßnahmen, die nötig sind, um Tieren ein artgerechtes Leben zu ermöglichen, nennen wir Tierschutz. In **Deutschland**, **Österreich** und der **Schweiz** ist Tierschutz im **Gesetz** verankert, gilt aber v.a. für **Wirbeltiere**. Problematisch kann die Haltung von **Nutztieren** in der **Landwirtschaft** sein, wenn etwa die Ställe der Tiere zu klein und dunkel sind. Was sind „unnötige" Schmerzen? Darüber wird in der **Politik** und in der **Gesellschaft** immer wieder diskutiert und gestritten.

Tiger, der

Tiger sind die größte Raub**katzen**art. Sie leben als Einzelgänger in den Wäldern Ost- und Südost**asiens**, vor allem in Indien. Zu ihren Beutetieren gehören Wildschweine, **Hirsche** und kleinere Tiere wie **Hasen** und **Vögel**.

Von den neun bekannten Tigerarten sind drei schon ausgestorben, die anderen sind bedroht.

Sibirischer Tiger

Tintenfisch, der

Tintenfische sind **Weichtiere**, die in fast allen **Meeren** vorkommen. Um den Mund herum tragen sie Fangarme, an deren Unterseite sich Saugnäpfe befinden. Sie ernähren sich von **Krebstieren**, **Muscheln** und **Fischen**. Viele Tintenfische können zur Tarnung die **Farbe** ihrer **Haut** ändern. Außerdem geben sie bei Gefahr eine dunkle Flüssigkeit ab, die die Sicht des Angreifers behindert. Zu den Tintenfischen gehören die Kalmare, die Kraken und Sepien. Kraken haben acht Arme, Kalmare und Sepien zehn.

Tod, der

Am Ende des Lebens aller **Lebewesen** steht der Tod. Bei **Menschen** und **Tieren** tritt er ein, sobald das **Herz** unwiederbringlich aufhört zu schlagen und die Atmungsorgane und das **Gehirn** nicht mehr arbeiten.

Toleranz, die

Viele **Menschen** leben anders, denken anders, sehen anders aus und glauben an etwas anderes als du. Wenn du anerkennst, dass diese anderen Lebensweisen und Meinungen ebenso wertvoll sind wie deine eigenen, bist du tolerant. Für eine friedliche **Gesellschaft**, in der alle gleichberechtigt leben können, ist Toleranz notwendig.

Tollwut, die

Tollwut ist eine **Krankheit**, die durch ein **Virus** ausgelöst wird. Das Virus wird von invizierten fleischfressenden **Tieren**, etwa **Hunden**, **Füchsen** oder **Fledermäusen**, die es im Speichel haben, durch einen Biss auf andere Tiere oder auf **Menschen** übertragen. Das Virus gelangt dann in das Rückenmark und in das **Gehirn**. Der Erkrankte bekommt hohes **Fieber** und Krämpfe. Wenn Tollwut nicht sofort behandelt wird, führt sie zum **Tod**. Wildtiere dürfen nicht berührt werden, sie könnten Tollwut haben.

Träne, die

Eine Träne besteht aus einer wässrigen, salzigen Körperflüssigkeit, die ständig in der Tränendrüse des **Auges** gebildet wird. Die Flüssigkeit wird vom Augenlid verteilt und befeuchtet und reinigt die Horn**haut** des Auges. Besonders viele Tränen werden gebildet, wenn ein Fremdkörper aus dem Auge herausgespült werden muss oder wenn wir weinen.

Traum, der

Bilder und Geräusche, die unser **Gehirn** im **Schlaf** erzeugt, nennen wir Träume. Sie dienen unter anderem dazu, die Erlebnisse des Tages zu verarbeiten. Wir träumen mehrmals in der Nacht, aber nur selten können wir uns nach dem Aufwachen daran erinnern. Träume, in denen etwas passiert, das uns **Angst** macht, nennen wir Albträume.

Tropen, die

Die Tropen sind die **Klimazone**, die im Gebiet zwischen dem **Äquator** und den Subtropen liegt. Das **Klima** der Tropen ist feucht und warm. **Jahreszeiten** gibt es nicht, dafür aber **Regen**- und Trockenzeiten. Im Bereich der Tropen liegen **Regenwälder**, **Savannen** und **Wüsten**.

Tundra, die

Die baumlosen Landschaften der **Arktis**, die an die Eiswüsten angrenzen, nennen wir Tundra. Der Boden der Tundra ist in größerer Tiefe immer gefroren, im Sommer taut nur die obere Schicht auf. Die Sommer in der Tundra sind kurz und kühl, die Winter lang und kalt. Es wachsen nur Moose, Flechten und Gräser. Polarfüchse, **Wölfe**, Rentiere und zahlreiche **Vogel**arten haben sich an diesen Lebensraum angepasst.

Turbine, die

Eine Turbine ist eine **Maschine**, durch die der **Mensch** die **Energie** von strömendem **Wasser** oder **Gas** nutzen kann. Turbinen werden für die **Strom**erzeugung eingesetzt. Dafür wird **Wasser** oder **Wind** durch große Schaufelräder geleitet. Die entstehende Drehbewegung wird an Stromerzeuger, Generatoren genannt, weitergegeben. Im **Flugzeug**- und **Schiff**bau werden Turbinen in den Triebwerken benötigt.

Gasturbine eines Schiffes

Uhr, die

Eine Uhr ist ein Gerät, das die aktuelle **Zeit** anzeigt und den Verlauf der Zeit misst. Vor Jahrtausenden benutzten die **Menschen** den Lauf der **Sonne** als Zeitmesser. Vor etwa 700 Jahren wurden Uhren entwickelt, die mit **Zahnrädern** funktionierten. Seit 1927 gibt es Quarzuhren, sie nutzen elektrischen **Strom** und das regelmäßige Schwingen von Quarzteilchen für die Zeitmessung. Die genauste Uhr ist eine Atomuhr.

Ultraschall, der

Schallwellen, die so hohe Töne transportieren, dass unser **Ohr** sie nicht mehr hören kann, nennen wir Ultraschall. Wir nutzen Ultraschall z. B. für medizinische Untersuchungen. Dabei werden mit einem Gerät Ultraschallwellen durch den Körper gesendet. Die Wellen werden von dem Gewebe der untersuchten **Organe** unterschiedlich stark aufgenommen. Sie werden zu einem Bild, das auf einem Monitor dargestellt wird. Manche Lebewesen, wie **Hunde** oder **Fledermäuse**, können Ultraschall wahrnehmen.

Umwelt, die

Zu unserer Umwelt gehören **Luft**, Boden, **Wasser**, das **Klima**, jede Landschaft, jedes **Tier** und jede **Pflanze**. Das sind unsere Lebensgrundlagen. Mit **Umweltschutz**-maßnahmen versuchen wir, unsere Umwelt zu schützen und zu erhalten oder Schäden in der **Natur** zu beheben.

Umweltschutz, der

Zum Umweltschutz gehört jede Maßnahme, mit der wir versuchen, unsere **Umwelt** zu schützen und zu erhalten oder Schäden in der **Natur** zu beheben. Da vor allem der **Mensch** die Umwelt verschmutzt oder zerstört, kümmern sich die Umweltschützer meist um diese Beeinträchtigungen. Durch die technischen Entwicklungen kann der Mensch die Umwelt immer stärker nach seinen Bedürfnissen verändern. Das bringt Vorteile, aber häufig folgen auch Schäden. Durch die Erfindung des **Autos** etwa können die Menschen Entfernungen viel schneller zurücklegen als zuvor. Doch die **Abgase** verschmutzen die **Luft**. Jeder sollte die Umwelt schützen, z. B., indem er **Müll** vermeidet.

Umweltverschmutzung, die

Abgase, Abwasser und **Müll** belasten und verschmutzen die **Umwelt**. Schmutzige **Luft**, **Plastik**müll im **Wasser** und dreckiger Boden können **Pflanzen**, **Tieren** und **Menschen** schaden. Die Verschmutzungen werden von Menschen verursacht und alle Länder der Welt sind davon betroffen. Es ist wichtig, die **Umwelt** zu schützen, und dafür müssen möglichst viele Länder zusammenarbeiten. Da aber auch Fabriken und Transportmittel einen großen Anteil an der Verschmutzung haben, stehen **wirtschaft**liche Interessen dem **Umweltschutz** gegenüber.

Universum, das

➡ Siehe: **Weltall**

Forschungs-U-Boot

Unterseeboot, das

Ein Unterseeboot ist ein **Schiff**, das unter **Wasser** fahren kann. Um abzutauchen, muss es schwerer werden als das Wasser, das es verdrängt.

Damit das passiert, werden Tanks mit Wasser gefüllt, das U-Boot wird schwerer und sinkt nach unten. Wird Luft in die Tanks gedrückt und das Wasser so wieder herausgepresst, taucht es wieder auf. U-Boote werden vom Militär, für Forschungszwecke oder für Arbeiten unter Wasser eingesetzt.

Urwald, der

Als Urwald bezeichnen wir ein **Wald**gebiet, das von Menschen nicht oder nur sehr wenig beeinflusst wurde und in dem **Tiere** und **Pflanzen** ungestört leben. Früher waren große Teile der **Erde** von Urwäldern bedeckt. Heute gibt es in **Europa** kaum noch Urwälder, weil die **Menschen** die **Bäume** fällten, das Holz verarbeiteten und die Flächen für die Landwirtschaft nutzten.

Veganer, der

Veganer verzichten auf alle tierischen Nahrungsmittel. Dazu gehören Fleisch und Fisch, aber auch Eier, Milch und Honig. Manche vegan lebenden **Mensch**en lehnen auch z. B. Kleidung aus Leder oder Daunen ab, da dafür **Tier**produkte verwendet werden. Die Gründe für die vegane Lebensweise können z. B. **Tierschutz** oder **Umweltschutz** sein.

Vegetarier, der

Vegetarier essen kein Fleisch und meist auch keinen **Fisch**. Sie ernähren sich vor allem von **Gemüse**, **Getreide**, **Obst** und anderen pflanzlichen Lebensmitteln. Verzichten Vegetarier auch auf alle tierischen Produkte, also auch auf Milch, Eier und Honig, sind sie **Veganer**.

Vene, die

Venen sind Blutgefäße, in denen das sauerstoffarme **Blut** aus dem **Körper** zum **Herzen** transportiert wird. Von dort aus gelangt es in die **Lunge**, wo es wieder mit **Sauerstoff** angereichert wird. Es wird zum Herzen zurückgeführt, in den **Arterien** durch den Körper gepumpt und versorgt dabei die **Zellen** mit Sauerstoff.

Verdauung, die

Unser **Körper** muss alles, was wir essen und trinken, zerlegen, damit wir die **Nährstoffe** verwerten können.

Diesen Vorgang nennen wir Verdauung. Im Mund wird das Essen zerkleinert, aufgeweicht und mit bestimmten Stoffen aus dem Speichel, den Enzymen, vermischt, die mit dem Abbau beginnen. Wir schlucken und die Nahrung gelangt durch die Speiseröhre in den **Magen**. Magensäure und Enzyme spalten sie weiter auf. Die **Muskeln** im Magen durchmischen den Speisebrei und leiten ihn in den **Darm**.

Im Dünndarm wird die Nahrung in Fette, Zucker, **Vitamine**, Eiweiße und weitere Stoffe zerlegt. Diese Nährstoffe werden durch die Darmwand ins **Blut** abgegeben und im Körper verteilt. Im Dickdarm werden der Nahrung **Wasser** und Mineralstoffe entzogen. Nicht verdauliche Stoffe werden schließlich als Kot abgegeben.

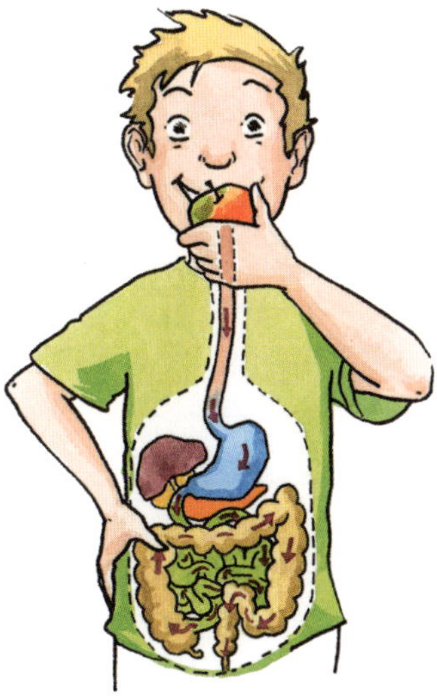

Vererbung, die

Vererbung bedeutet die Weitergabe von Merkmalen an die nächste Generation. Bei der **Fortpflanzung** geben die Eltern ihre genetischen Informationen an das Kind weiter. Durch die **Befruchtung** der **Ei**zelle mit der **Samen**zelle vermischen sich die **Gene** der Eltern.

Da aber nicht alle Eier der Mutter und alle Spermien des Vaters gleich sind, können auch Geschwister sehr unterschiedlich sein.

Virtual Reality, die

Der englische Begriff Virtual Reality (sprich: Wirtschual riäliti) meint, dass durch ein **Computer**programm eine Umgebung erzeugt wird, die auf den Nutzer wie eine echte Welt wirkt. Oft trägt der Nutzer eine Brille, durch die er das Gefühl bekommt, sich in einem anderen Zimmer oder einer Landschaft zu befinden und sich dort auch bewegen zu können. Tatsächlich ist er aber nur Nutzer eines Computerprogramms. Häufig wird der Begriff mit VR abgekürzt. VR wird z. B. bei Computerspielen eingesetzt oder auch bei Flugsimulatoren, mit denen Piloten das Fliegen üben können.

Virus, das

Viren sind winzig kleine **Krankheit**serreger. Sie können die **Zellen** von **Menschen**, **Tieren** oder **Pflanzen** befallen. Viren können sich nicht selbstständig vermehren. Dafür müssen sie in eine fremde Zelle eindringen und diese so verändern, dass sie neue Viruszellen herstellt. Meist ist unser **Körper** stark genug, um sich gegen Viren zu wehren, nur wenn wir geschwächt sind, werden wir krank. Schnupfen, Windpocken und **Aids** sind z. B. Krankheiten, die von Viren hervorgerufen werden.

Vitamin, das

Vitamine sind Stoffe, die der **Körper** für den **Stoffwechsel** braucht, aber zumeist nicht selbst herstellen kann. Für den Aufbau von **Knochen**, **Zellen**, **Blut**körperchen, für die Stärkung unseres Abwehrsystems und vieles mehr sind Vitamine notwendig. Wir müssen sie mit der Nahrung aufnehmen und da **Pflanzen** Vitamine produzieren, sollten wir täglich **Obst** und **Gemüse** essen.

Sperling

Vogel, der

Vögel sind **Eier** legende Wirbeltiere, die Flügel, ein Gefieder und einen Schnabel haben. Sie sind gleichwarm und atmen mit **Lungen**. Damit sie fliegen können, sind die **Knochen** der Vögel hohl und leicht. Vögel sehen und hören sehr gut, ihr Geruchssinn ist nicht besonders gut ausgebildet.

Kohlmeise

Star

Rotkehlchen

Vulkan, der

Ein Vulkan ist eine Öffnung in der Erdkruste, durch die im Erdinneren liegendes heißes, flüssiges Gestein, Magma genannt, an die Oberfläche gelangt. Das Magma sammelt sich unterirdisch in Magmakammern. Durch die dort entstehenden Gase kann der Druck unter der Oberfläche so groß werden, dass sich das Magma durch einen Schlot einen Weg nach oben bahnt. Der Vulkan bricht aus und schleudert Lava, Asche und **Gase** in die Luft. Sobald das Magma mit der **Luft** in Berührung kommt, nennen wir es Lava. An den Stellen, an denen zwei Kontinentalplatten aufeinandertreffen, liegen besonders viele Vulkane.

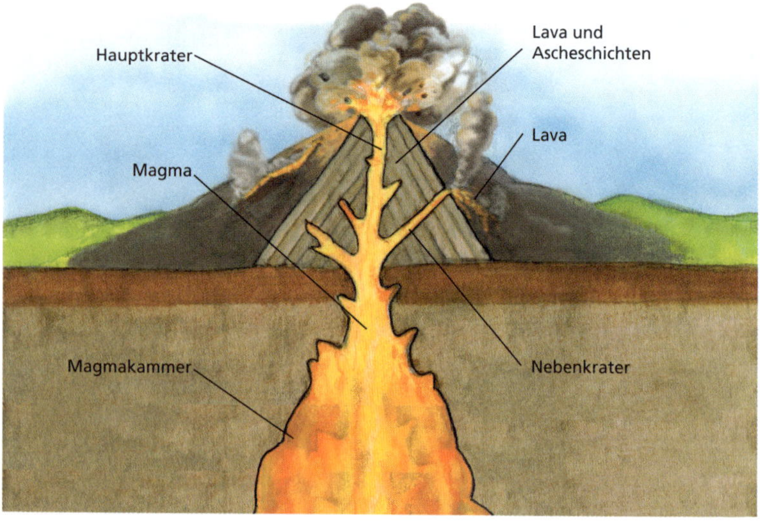

Waage, die

Eine Waage ist ein Messgerät zur Bestimmung des Gewichtes. Schon vor mehr als 5000 Jahren nutzten die **Menschen** in **Ägypten** Balkenwaagen. Bei Balkenwaagen hängt an beiden Enden eines aufliegenden Balkens eine Schale. Auf die eine Schale wird ein Gegenstand gelegt, dessen Gewicht bekannt ist, auf die andere der Gegenstand, der gewogen werden soll. Sind die Schalen im Gleichgewicht, sind die Gegenstände gleich schwer.

Wahl, die

Bei einer Wahl stimmen die Wähler darüber ab, welche Person ein bestimmtes Amt ausüben soll. In der Schule wählt ihr z. B. einen Klassensprecher. Wer die meisten Stimmen bekommt, gewinnt die Wahl. So ähnlich funktioniert es auch in der **Politik**. In einer **Demokratie** müssen Wahlen allgemein, frei und gleich sein. Jeder Wahlberechtigte darf teilnehmen, muss es aber nicht. Wen er wählt, darf er frei entscheiden. Bei geheimen Wahlen erfährt niemand, für wen ein Wähler abgestimmt hat. Alle Stimmen sind gleich wichtig.

Wal, der

Wale sind im **Wasser** lebende **Säugetiere**, die in allen **Ozeanen** vorkommen. Sie atmen mit **Lungen** und müssen zum **Luft**holen an die Wasseroberfläche schwimmen. Das Blasloch auf ihrem Rücken dient zum Ein- und Ausatmen. Mit einer dicken Fettschicht, dem Blubber, schützen sie sich vor der Kälte des Wassers. Das größte **Tier** der Welt ist der Blauwal. Sein **Herz** ist so groß wie ein kleines **Auto**.

Wald, der

Der Wald ist ein Lebensraum für **Bäume**, Sträucher, **Pilze**, Moose, **Kräuter** und zahlreiche **Tier**arten.

Damit ein Wald entstehen kann, müssen genügend Feuchtigkeit, Wärme und guter Boden vorhanden sein. Durch Abholzung sind viele Wälder bedroht. Für das **Klima** und die **Sauerstoff**produktion spielen sie eine wichtige Rolle. Bei uns finden wir vor allem Mischwälder aus z. B. Buchen, Eichen, Fichten und Tannen. In den **Tropen** wächst der **Regenwald**. **Urwälder** gibt es heute nur noch sehr wenige.

Wasser, das

Wasser ist eine durchsichtige, geruch- und geschmacklose Flüssigkeit. Sie gehört zu den wichtigsten Stoffen, die in der **Natur** vorkommen. Wasser besteht aus **Sauerstoff**- und Wasserstoffteilchen. Ohne Wasser gäbe es kein Leben. Etwa 70 % der Erdoberfläche sind von Wasser bedeckt. Bei einer **Temperatur** von 0 °C gefriert Wasser, bei 100 °C kocht es. Aus dem **Weltall** betrachtet, sieht die **Erde** mit ihren riesigen **Ozeanen** aus wie eine schöne blaue Kugel.

Wasserdampf, der

Wenn du **Wasser** auf 100 °C erhitzt, kocht es. Kleine Wasserteilchen steigen dabei auf und es bildet sich Wasserdampf.

Wasserkreislauf, der

Wasser befindet sich in einem ständigen Kreislauf. Es verdunstet aus den **Meeren**, **Seen** und **Flüssen**, das heißt, es geht vom flüssigen in den **gas**förmigen Zustand über und steigt nach oben.
In der **Atmosphäre** kühlt der Wasserdampf ab, es entstehen **Wolken**. Kühlt es in der Wolke weiter ab, werden die Wassertropfen größer und schwerer und fallen schließlich als **Niederschlag** zur **Erde**. Das Wasser sickert in den Boden. Dann wird es von **Pflanzen** aufgenommen oder es sammelt sich im Grundwasser. Viel Wasser fließt aber über die Flüsse zurück ins Meer. Der Kreislauf schließt sich. Das Wasser auf der Erde verändert seinen Zustand, aber es geht nicht verloren.

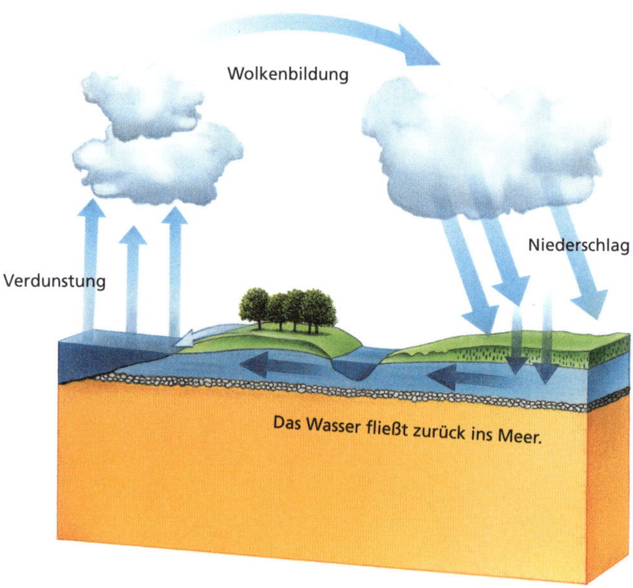

Watt, das

Das Watt sind die flachen Bereiche an der **Nordsee**-küste, die bei **Ebbe** trocken liegen und bei **Flut** überspült werden. In dem matschigen Wattboden leben sehr viele Tierarten, z. B. Wattwürmer, Krebse und Muscheln. Um den wichtigen Lebensraum zu erhalten, steht das Wattenmeer in **Deutschland** unter **Naturschutz**.

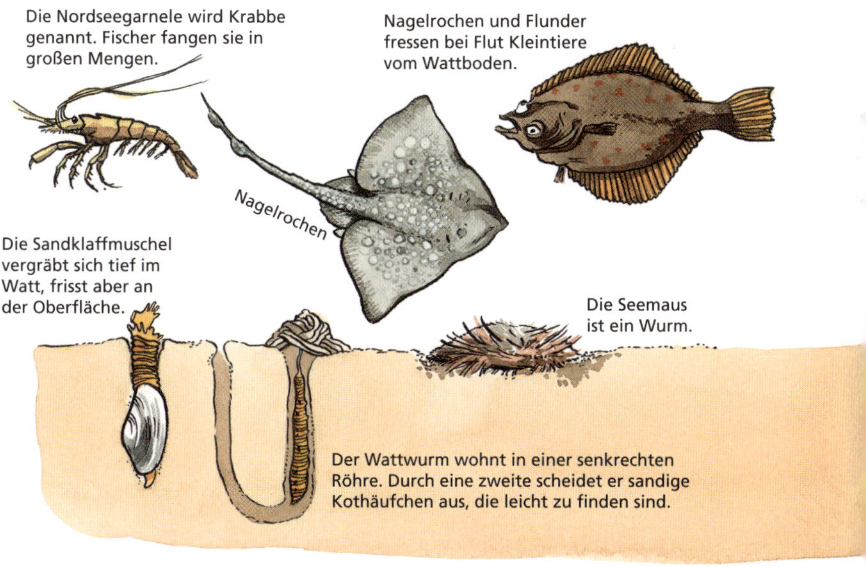

Weichtier, das

Als Weichtiere bezeichnen wir den **Tier**stamm, zu dem u. a. **Schnecken**, **Muscheln** und Kopffüßer (z. B. **Tintenfische**) gehören.

Fast alle Weichtiere haben ein Gehäuse. Bei Muscheln und Schnecken schützt es den **Körper** von außen. Tintenfische und Nacktschnecken haben Schalenreste im Körperinneren. Weichtiere haben eine Reibezunge, mit der sie Teilchen von ihrer Nahrung abschaben können.

Weltall, das

Das Weltall umfasst die **Erde**, die **Galaxien** und den gesamten Raum mit allem, was darin vorkommt. Andere Begriffe für Weltall sind Universum und Kosmos.

Weltreligion, die

Die fünf **Religionen**, die weltweit die meisten Gläubigen haben, nennen wir Weltreligionen. Es sind der **Buddhismus**, das **Christentum**, der **Hinduismus**, das **Judentum** und der **Islam**. Etwa 3,5 Mrd. **Menschen** sind Angehörige einer dieser Religionen.

Werbung, die

Werbung soll **Menschen** bei ihren Kaufentscheidungen beeinflussen. Viele Unternehmen machen in den verschiedenen **Medien** Werbung für ihre Waren. Sie bemühen sich, das Interesse der möglichen Käufer auf ihr Produkt zu lenken und es so darzustellen, dass diese es haben möchten. Du findest Werbung fast überall, z. B. als Plakat an der Bushaltestelle, als Prospekt im Postkasten, als Aufdruck auf Luftballons, die Firmen verschenken. Im Fernsehen und Radio, im **Internet**, in Zeitschriften und **Zeitungen** nimmt Werbung viel Platz ein.

Wetter, das

Als Wetter bezeichnen wir die Vorgänge in der **Erdatmosphäre** an einem bestimmten Ort zu einer bestimmten **Zeit**. Das Wetter hängt von dem Zusammenwirken von **Temperatur**, **Luftdruck**, **Wind**, Luftfeuchtigkeit, **Wolken** und **Niederschlägen** ab. Vor allem die **Sonne** hat großen Einfluss auf das Wetter. Ihre Strahlen wärmen die Luftmassen der Erde unterschiedlich stark auf und setzen sie in Bewegung. Auch die Drehung der Erde verändert die Bewegungen der Luftmassen. Wetter spielt sich in der untersten Schicht der Erdatmosphäre ab. Auf dem Mond gibt es kein Wetter.

Wettervorhersage, die

Wissenschaftler, die sich mit dem Wetter beschäftigen, nennen wir Meteorologen. Sie leiten aus dem aktuellen **Wetter** und dem der vergangenen Tage ab, wie das Wetter der nächsten Tage werden wird.

Dafür sammeln sie auf der ganzen Welt Wetterdaten, etwa über **Temperatur**, **Luftdruck**, **Windstärke** und **-richtung** sowie **Niederschläge**, und berechnen mit Hilfe von **Mathematik** und **Computern** die Entwicklung des Wetters.

Wikinger, der

Die Völker, die zwischen dem 8. und 11. Jh. im Norden **Europas** vor allem als Seefahrer lebten, nennen wir Wikinger. Viele waren als Händler unterwegs oder suchten neue Gebiete, die sie besiedeln konnten. Andere aber überfielen und plünderten die Küstenstädte. Die Wikinger waren geschickte **Schiff**bauer und sehr gute Seefahrer.

Wildschwein, das

➡ Siehe: **Schwein**

Wind, der

Wind ist **Luft**, die in Bewegung ist.

Weltkarte

➡ Siehe Seite 282/283

Windrichtung, die

Sprechen wir von Windrichtung, meinen wir die **Himmelsrichtung**, aus der der **Wind** kommt. Bei Westwind weht er z. B. von Westen nach Osten.

Windstärke, die

Die Windstärke ist die Geschwindigkeit, mit der der **Wind** weht. Etwa 1806 erstellte der Engländer Francis Beaufort eine noch immer gültige Skala, mit der die Windstärken unterteilt werden können. Bei Windstärke 1 herrscht Windstille, bei Stärke 12 wütet ein schwerer Orkan. Die Einheit für die Windstärke ist Beaufort.

Winterschlaf, der

Winterschlaf ist ein sehr tiefer, langer Ruhezustand, in den manche **Säugetiere** der kalten und gemäßigten **Klimazonen** im Winter fallen. Auf diese Weise überstehen sie die kalte Zeit, in der sie keine Nahrung finden würden. Ihr **Körper** verbraucht in den Monaten des Winterschlafes die Fettpolster, die sie sich vorher angefressen haben.

Wirbelsturm, der

Wirbelstürme sind starke **Winde**, die sich um eine Achse drehen. Die Wirbelstürme der **Tropen** nennen wir je nach ihrem Entstehungsgebiet Taifun, Zyklon oder Hurrikan. Sie entstehen über dem **Meer**, das eine **Temperatur** von mindestens 27 °C haben muss. Dann verdunsten große **Wasser**mengen, die riesige **Wolken** erzeugen. Durch die Erddrehung entstehen Luftwirbel, die über das Meer rasen. Erreichen sie die Küste, können sie schlimme Verwüstungen anrichten. Im Inneren eines Wirbelsturms ist es beinahe windstill. Diesen Bereich nennen wir Auge. Ein Tornado ist ein kleinerer Wirbelsturm.

Wirbeltiere, die

Wirbeltiere bilden einen Tierstamm, unter dem wir **Säugetiere**, **Vögel**, **Reptilien**, **Amphibien** und **Fische** zusammenfassen.

Das Faultier ist
ein Säugetier.

Wirtschaft, die

Alles, was mit **Geld** zu tun hat, gehört zur Wirtschaft. Das sind u.a. Herstellung, Verkaufen und Kaufen von Waren oder Dienstleistungen. Das Erstellen und Verkaufen eines Buches gehören also ebenso zur Wirtschaft wie der Besuch beim Frisör oder eine Reise. Durch die **Globalisierung** ist die Wirtschaft eines Landes meist nicht mehr von der Wirtschaft anderer Länder zu trennen.

Wissenschaft, die

Der **Mensch** versucht, alles, was auf der **Erde** und auch im **Weltall** passiert, zu verstehen. Wissen zu sammeln, zu vergrößern und weiterzugeben, nennen wir Wissenschaft. Dafür untersuchen Fachleute Ursachen und Zusammenhänge, sammeln Daten und werten diese aus. Auch **Experimente** können zur Forschung dazugehören. Die Forschungsarbeit muss objektiv sein, d.h. Meinungen oder persönliche Bewertungen dürfen keine Rolle spielen. Wir unterscheiden verschiedene wissenschaftliche Bereiche, z.B. **Naturwissenschaften**, Literaturwissenschaft oder Geschichtswissenschaft.

Wolf, der

Wölfe sind **Raubtiere**, die zur Familie der **Hunde** gehören. Früher waren sie in **Europa**, **Asien** und **Nordamerika** weitverbreitet, heute gibt es sie hauptsächlich noch in Osteuropa, Kanada und Sibirien. Sie leben in Rudeln, die durch ein Leittier angeführt werden. Zu ihren Beutetieren gehören **Hirsche**, Elche und Wildschweine. Unsere Hunderassen stammen vom Wolf ab.

Weltkarte

➜ Siehe Seite 282/283

Wolke, die

Eine Wolke ist eine Ansammlung von feinen **Wasser**tropfen oder Eiskristallen in der Troposphäre, der unteren Schicht der **Erdatmosphäre**. Wolken verteilen durch die **Niederschläge** das Wasser auf der **Erde**. Die Form der Wolken kann etwas darüber aussagen, wie das **Wetter** wird.

Dichte Federwolken sind Schlechtwetterboten.

Türmen sich Haufenwolken übereinander, naht ein Gewitter.

Aus Sichtwolken fällt häufig Nieselregen.

Weltkarte

Längengrad
Nordamerika
ATLANTISCHER OZEAN
PAZIFISCHER OZEAN
Südamerika
SÜDLICHER OZEAN

Nordpol
NORDPOLARMEER
Breitengrad
Asien
Europa
Afrika
Äquator
INDISCHER OZEAN
Australien
ANTARKTIS MIT KONTINENT ANTARKTIKA
Südpol

Wurm, der

Als Würmer bezeichnen wir wirbellose **Tiere**, die einen lang gestreckten, weichen, beinlosen **Körper** haben. Es gibt Fadenwürmer, Plattwürmer, Bandwürmer und viele mehr. Würmer kommen weltweit vor, sie leben in der Erde, im **Meer** oder manche sogar in **Tieren** oder **Menschen**. Der **Regenwurm** gehört zu den Ringelwürmern.

Wurzel, die

Die Wurzel ist ein **Organ** der **Pflanzen**. Wurzeln befinden sich meist unter der Erde, verankern die Pflanze im Boden und nehmen **Wasser** und **Nährstoffe** auf. Manche Pflanzen speichern in ihren Wurzeln Wasser und Nährstoffe. Karotten und Sellerie sind z. B. essbare Speicherwurzeln.

Wüste, die

Wüsten sind Gebiete, in denen sehr wenige oder gar keine **Pflanzen** leben. In heißen Regionen mit großer, andauernder Trockenheit liegen Sandwüsten. Dazu gehört die Sahara in **Afrika**, die etwa so groß ist wie die USA. In sehr kalten Gegenden, etwa der **Antarktis**, gibt es Kältewüsten.

Z

Zahl, die

Zahlen sind Bezeichnungen für Mengen. Wir nutzen sie z. B. zum Zählen, Ordnen, Messen und Rechnen.

Zahn, der

Zähne sind bei **Menschen**, **Säugetieren** und einigen anderen **Wirbeltieren** ein Teil des Gebisses, das dem Halten und Zerkleinern von Nahrung dient. Die obere Schicht des Zahnes, der Zahnschmelz, ist das härteste Material des menschlichen **Körpers**. Wird es beschädigt, können wir **Karies** bekommen. Beim Menschen und den meisten anderen Säugetieren werden die ersten Zähne, die Milchzähne, einmal im Leben durch bleibende Zähne ersetzt. Ein Erwachsener hat acht Schneidezähne, vier Eckzähne und 16 bis 20 Backenzähne.

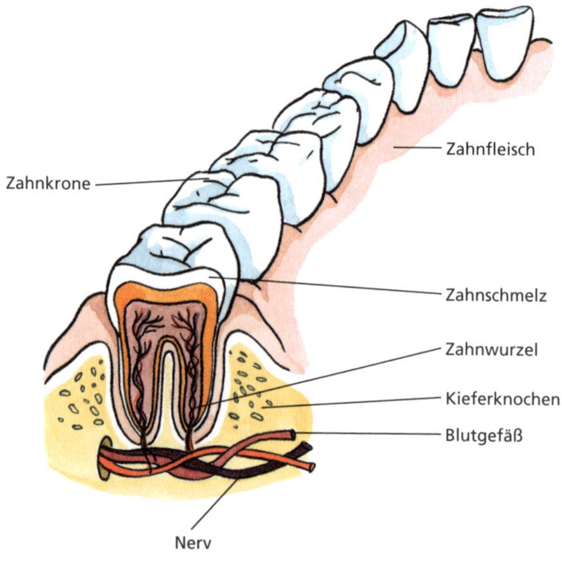

Zahnrad, das

Ein Zahnrad ist ein **Maschinen**teil, das Drehbewegungen und Kraft überträgt. Bei einem **Fahrrad** läuft die Fahrradkette über ein großes Zahnrad. Beim Treten bewegst du es, die Kette gibt die Bewegung an ein hinteres Zahnrad und damit an das Hinterrad weiter. Das Fahrrad fährt.

Zahnräder in einem **Uhr**werk

Zebra, das

Zebras gehören zu den **Pferden**. Es gibt drei Arten, die nur in der afrikanischen **Savanne** vorkommen. Ihre gestreifte **Fell**zeichnung dient wahrscheinlich der Tarnung.

In der flirrenden Hitze werden die einzelnen **Tiere** in der Herde von ihren Feinden, etwa den **Löwen**, schwerer erkannt. Im Gegensatz zu Pferden lassen sich Zebras nicht zähmen und als **Haustier** nutzen.

Zecke, die

Zecken sind weltweit verbreitete **Spinnen**tiere. Sie ernähren sich vom **Blut** von **Wirbeltieren**. Sie leben vor allem in Sträuchern und Gräsern. Ein vorbeikommendes Wirtstier oder ein **Mensch** streift die Zecke ab und sie gelangt auf seine **Haut**. Dort setzt sie sich fest und saugt Blut. Manche Zecken übertragen **Krankheiten**, darum ist es wichtig, sie so schnell wie möglich zu entfernen.

Zeit, die

Die Zeit ist eine Größe, die gleichmäßig, nicht umkehrbar und unaufhaltsam verläuft. Alles, was passiert, spielt sich zu einem bestimmten Zeitpunkt ab.

Die Gegenwart ist nur ein kleiner Moment zwischen der Vergangenheit und der Zukunft. Wir teilen die Zeit in Sekunden, Minuten und Stunden, Wochen, Monate und **Jahre** ein.

Zeitung, die

Eine Zeitung ist ein gedrucktes **Medium**, das täglich oder wöchentlich erscheint. Es informiert die Öffentlichkeit über das Tagesgeschehen. Auch Nachrichten aus verschiedenen Bereichen wie **Politik**, **Wirtschaft**, **Kultur** und **Sport** sowie Kommentare und Meinungen stehen in einer Zeitung.

Zeitzone, die

Die **Erde** dreht sich innerhalb von 24 Stunden einmal um sich selbst, dadurch entstehen **Tag und Nacht**. Wenn es bei uns hell ist, ist es weiter östlich, etwa in **Australien**, schon dunkel. Früher hat man die Uhr**zeit** an einem Ort einfach danach bestimmt, wann dort die Sonne aufgeht. Dieser Zeitpunkt verschiebt sich aber schon im Abstand von wenigen Hundert Kilometern Richtung Osten oder Westen. Als die **Menschen** dann ab dem 19. Jh. über große Entfernungen reisten und kommunizierten, wurde es wichtig, sich auf gemeinsame Zeiten zu verständigen. Darum wurden weltweit 24 Zeitzonen festgelegt. Sie richten sich nach den **Längengeraden**. **Deutschland** liegt in einer einzigen Zeitzone, ein großes Land wie Russland hat elf Zeitzonen. Wenn es in Deutschland 12 Uhr mittags ist, ist es in New York 6 Uhr morgens und in Moskau 14 Uhr.

Zelle, die

Alle **Lebewesen** bestehen aus kleinen Bausteinen, den Zellen. Im menschlichen **Körper** gibt es viele Zellarten, die verschiedene Aufgaben übernehmen.

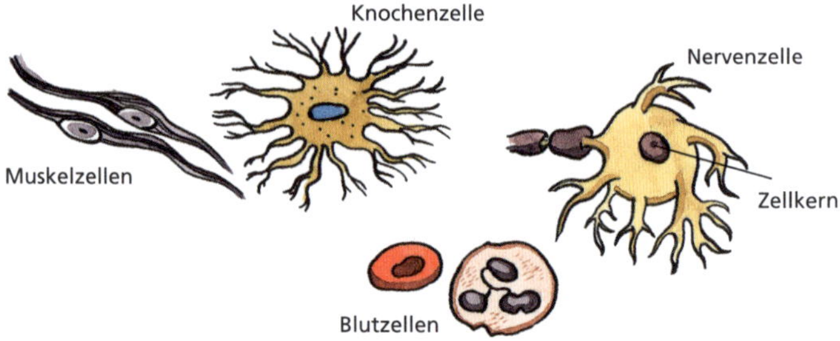

Dazu gehören z. B. **Nerven**zellen, **Muskel**zellen und **Blut**zellen. Sie haben verschiedene Formen, aber sie alle haben einen Zellkern, die Zellmembran, die die Zelle umhüllt, und flüssiges Zellplasma. Zellen vermehren sich durch Teilung.

Zugvögel, die

Zugvögel sind **Vögel**, die die kalten **Jahreszeiten** in anderen Gebieten verbringen als die warmen. Bei uns sind es meist die **Insekten** fressenden Vögel, die im Herbst ihre Brutgebiete verlassen, weil sie im Winter nicht genügend Nahrung finden würden. Sie fliegen oft Tausende von Kilometern in den Süden, vor allem in die Mittelmeergebiete oder nach **Afrika**. Soweit wir wissen, ist den Zugvögeln der Zeitpunkt des Abfluges angeboren. Ihren Weg finden sie unter anderem mit Hilfe des **Magnet**feldes der **Erde**. Zu den Zugvögeln gehören Wildgänse, Stare und **Störche**.

Storch

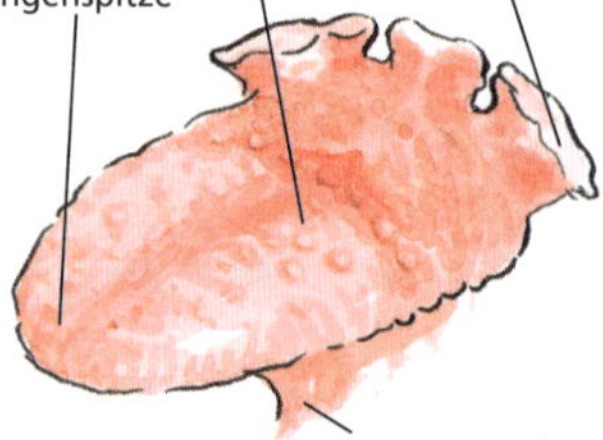

Zunge, die

Die Zunge ist ein muskuläres **Organ**, das der **Mensch** zum Schlucken, Schmecken, Sprechen und Tasten braucht. Auf der Oberseite der Zunge befinden sich Geschmacksknospen, mit denen wir die Geschmacksrichtungen süß, sauer, bitter, salzig und umami - also herzhaft - schmecken können.. Um feinere Geschmacksrichtungen wahrzunehmen, brauchen wir zusätzlich unseren Geruchssinn. Auch andere **Säugetiere**, **Vögel**, **Reptilien** und **Amphibien** haben eine Zunge.

Zwiebel, die

Manche **Pflanzen**arten haben eine Zwiebel, ein unterirdisches **Organ**, in dem sie **Nährstoffe** speichern. Zu ihnen gehören Schneeglöckchen und Tulpen. Weil sie die Nährstoffe in ihren Zwiebeln nutzen können, kommen sie oft schon sehr früh im Jahr aus der Erde, manchmal sogar, wenn noch **Schnee** liegt. Speisezwiebeln können wir essen.

Zwillinge, die

Zwillinge sind zwei Geschwister, die gleichzeitig im Mutterleib heranwachsen und kurz nacheinander geboren werden. Reifen im Körper einer **Frau** ausnahmsweise zur gleichen Zeit zwei **Eizellen** heran, die von zwei Spermien befruchtet werden, können zweieiige Zwillinge entstehen. Eineiige Zwillinge entwickeln sich aus einer einzigen Eizelle. Diese teilt sich in einem frühen Stadium in zwei Teile, aus denen dann jeweils ein Kind heranwächst. Eineiige Zwillinge ähneln einander sehr, da sie dieselben Erbinformationen haben. Geschlecht, **Haar**farbe, **Augen**farbe und **Blut**gruppe sind bei ihnen gleich.

Kleine Helfer für deinen Schulalltag

Tipps und Tricks für deine Hausaufgaben

Vielleicht würdest du auch nach der Schule lieber direkt mit deinen Freunden spielen, zum Sport gehen oder einfach nur eine Runde abhängen. Aber du musst ja noch Hausaufgaben machen ... Muss das sein?
Ja, Hausaufgaben sind wirklich wichtig, denn dabei merkst du, ob du den Stoff verstanden hast. Hausaufgaben frischen das Thema auf – unser Gehirn braucht Wiederholungen beim Lernen.

So fallen dir deine Hausaufgaben leichter:

WANN? Am besten immer zur gleichen Zeit.

WO? An einem ruhigen aufgeräumten Platz (Radio und Fernseher unbedingt aus!).

MIT WEM? Am besten selbstständig. Toll ist, wenn du vorher oder hinterher mit jemandem kurz darüber sprechen kannst.

WIE? Beginne zum Warmlaufen mit der Aufgabe, die du am liebsten magst, danach nimm dir einen „dicken Brocken" vor. Mach zwischendurch kurze Pausen, in denen du aufstehst.

Das Hausaufgabenheft

Weißt du, was das Tollste am Hausaufgabenheft ist? Dass du die erledigte Hausaufgabe durchstreichen kannst. Es ist ein positives Gefühl, alles geschafft zu haben und gut vorbereitet zu sein. Und eine gute Stimmung motiviert beim Lernen.
Achte darauf, dass alle Hausaufgaben eingetragen sind!

Ein Hausaufgabenheft hilft, den Überblick zu behalten.

Alles dabei?

Schultaschen-Check

Hast du die Aufgaben für den nächsten Tag erledigt? Jetzt muss alles in die Schultasche.

- **Hausaufgabenheft** dabei?
- **Postmappe** geleert? **Elternbriefe** abgegeben? Musst du noch etwas mit den Eltern besprechen? Sind noch irgendwo **Arbeitsblätter**, die in eine Fächermappe sollen?
- **Federtasche**
- Alte **Brotdose** raus. **Trinkflasche** ausspülen.
- Welche Hefte und Bücher brauchst du morgen? Welche können aus der Tasche heraus? Hier hilft ein kleiner **Stundenplan**, der an der Schultasche befestigt ist. Und natürlich gut **beschriftete** Mappen und Hefte.
- Brauchst du **Sport**- oder Schwimmsachen? Dann lege den Turnbeutel neben die Schultasche.

Morgens kommen Essen und Trinken in eine **Außentasche**. Schlüssel dabei? Fahrradschlüssel? Busfahrkarte? Alles im Ranzen hat seinen **festen Platz**.

Federtaschen-Check

In die Federtasche gehören:

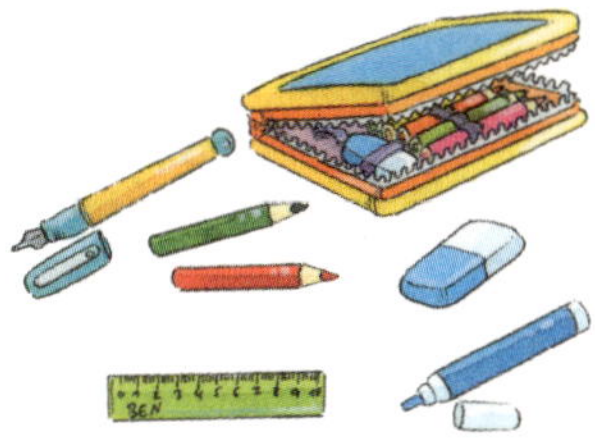

- der **Schreibstift**
- **angespitzte** Buntstifte
- kleines **Lineal** (zum Unterstreichen, Durchstreichen)
- **Radiergummi**

Außerdem (vielleicht in einer gesonderten **Schlamper-Federtasche**):

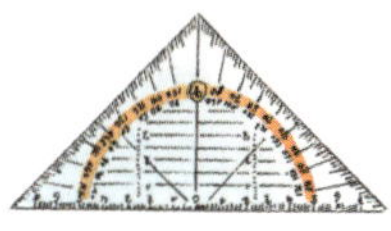

- Schere
- Klebestift
- Anspitzer (mit Auffangdose)
- Textmarker
- Zeitweise wird ein Geodreieck, ein langes Lineal,ein Zirkel benötigt.
- **Beschrifte** alles mit deinem Namen.

Wie bereitest du ein Referat vor?

1. Wie viel Zeit hast du für die Vorbereitung? Bis wann soll welche Aufgabe erledigt sein? Erstelle einen Zeitplan. Bedenke, dass du nebenbei noch für andere Fächer arbeiten musst.

2. Sammle zuerst viele Informationen. Hilfreich sind die Sachbücher und Lexika in den Bibliotheken. Notiere Bücher und Seitenzahlen sowie Internetseiten, die besonders sinnvoll sind.

3. Ordne die Informationen. Was ist wichtig? Lege Schwerpunkte und Ziele fest und finde einen roten Faden für dein Thema.

4. Lege eine Reihenfolge fest und schreibe die Texte zu den Unterthemen. Formuliere möglichst alles mit eigenen Worten. Schreibe nichts auf, das du nicht selbst verstehst. Denk daran, alle Fachausdrücke zu (er)klären.

5. Überlege, wie du das Gesagte optisch unterstützen und präsentieren kannst. Plakat, Fotowand, Anschauungsstücke, Tafelbilder?

6. Übe das Vortragen des Referats. Formuliere kurze Sätze.

Ein Referat halten

Zu Hause: Schreibe wichtige Stichpunkte deines Referates gut lesbar auf nummerierte Karteikarten.

Im Raum: Lege dein Material zurecht. Hänge das Plakat auf oder lege Anschauungsstücke bereit. Lüfte den Raum und prüfe technische Geräte, falls du sie benötigst.

Zu Beginn: Stelle das Thema vor. Sag den Zuhörern, wie lange du sprechen wirst und welche Gliederungspunkte du hast. Kläre, ob die Zuschauer Fragen mittendrin oder am Ende stellen sollen.

Dabei: Sprich deutlich, laut und langsam. Viele Sprecher werden vor Aufregung zu schnell. Lies nicht von den Karteikarten ab, sondern rede frei. Abgelesene Texte sind für die Hörer nicht leicht verständlich. Ein Blick auf die Karteikarten hilft, wenn man einen Blackout hat oder sich vergewissert, ob man an alles gedacht hat. Dadurch entstehen Pausen, die für die Hörer gut sind. Versuche die Zuhörer anzusehen.

Pixi Wissen

Band 3

Band 10

Band 107

Band 109

CORDULA THÖRNER hat dieses Lexikon geschrieben und dabei jede Menge gelernt. Jetzt weiß sie zum Beispiel, dass Tintenfische Schraubverschlüsse öffnen können und dass sich die meisten Vulkane am Meeresboden befinden. Und sie hat gelesen, dass jedes Jahr viele neue Tierarten entdeckt werden. Seitdem hält sie die Augen offen ...

MIX
Papier aus verantwortungsvollen Quellen
FSC® C018236
FSC www.fsc.org

Text: Cordula Thörner
Kleine Helfer für den Schulalltag: Eva Bade
Illustrationen: Achim Ahlgrimm, Jutta Bauer, Sebastian Coenen, Anne Ebert, Franziska Harvey, Michaela Heitmann, Horst Hellmeier, Sigrid Leberer, Hildegard Müller, Irmgard Paule, Miriam Ohm, Friederike Rave, Andreas Röckener, Stephanie Scharnberg, Marc-Alexander Schulze, Julie Sodré, Dorothea Tust, Astrid Vohwinkel, Alexander von Knorre, Jochen Windecker, Patrick Wirbeleit
Lektorat: Caroline Jacobi, Karin Bischoff
Umschlaggestaltung: Isabel Große Holtforth
Layout und Herstellung: Stefanie Frassek
Druck- und Bindearbeiten: Drukarnia Dimograf
ISBN 978-3-551-25099-5
Printed in Poland